김해김씨 삼현파

金海金氏 三賢派

덕암문중 파보

德巖門中 派譜

김해김씨 삼현파 덕암문중 파보

© 김경수, 2022

1판 1쇄 인쇄__2022년 12월 15일
1판 1쇄 발행__2022년 12월 20일

지은이__김경수
펴낸이__홍정표
펴낸곳__글로벌콘텐츠
　　　　등록__제25100-2008-000024호

공급처__(주)글로벌콘텐츠출판그룹
　　　　대표_홍정표 이사_김미미 편집_임세원 강민욱 백승민 문방희 권군오 기획·마케팅_이종훈 홍민지
　　　　주소__서울특별시 강동구 풍성로 87-6
　　　　전화__02) 488-3280 팩스__02) 488-3281
　　　　홈페이지__http://www.gcbook.co.kr
　　　　이메일__edit@gcbook.co.kr

값 25,000원
ISBN 979-11-5852-380-0 93990

김해김씨 삼현파
金海金氏 三賢派
덕암문중 파보
德巖門中 派譜

김해김씨 삼현파 덕암문중

김경수 지음

글로벌콘텐츠

문중의 재실 계산정桂山亭

덕암 문중의 계보도 및 문중의 역사비

2대에 걸쳐 6효자를 배출한 사실을 기려 국가에서 내려준 정려 쌍효려雙孝閭

목 차

1. 종회장 인사

김해김씨 삼현파 덕암문중의 종원 여러분!

우리 김해김씨는 가락국을 건국한 수로대왕과 허황후 이래로 2020년 현재 1979년의 오랜 역사를 자랑하는 우리나라의 대표적인 명문가입니다. 후에 양왕께서는 신라에 나라를 양도하시고 산청의 왕산 아래에 잠들어 계십니다. 그 손자이신 김유신 장군께서는 흥무왕으로 추존되셨는데, 삼국통일의 큰 위업을 이루었습니다. 이후 끊임없이 명문가로서 수많은 인물들을 배출하면서 오늘날은 우리나라에서 가장 많은 인구를 차지하는 집안으로 자리잡고 있습니다.

그러나 불행하게도 조선시대에 들어 무오사화 때에 탁영 김일손 선조께서 화를 당하시고 가문의 세력이 급격히 약해졌습니다. 우리의 직계 선조께서는 그 사건 이후 고향 청도를 떠나 산청으로 들어갔다가, 그 중의 한 분인 중시조로부터 14세손 '김부장' 선조께서 고성군 구만면 덕암의 아름다운 경치를 사랑하여 터를 잡으시고 지금까지 대를 이어오고 있습니다. 부장 선조께서는 은둔하여 살면서 스스로 '遯雲'이라고 호를 지었고, 이후 19세손 정팔 선조에 이르기까지 독자로 대를 계승하여 집안이 번성하지 못하였습니다. 20세 때에 이르러 5형제가 나게 되어 지금의 5소종중으로 분파되었습니다. 그 역사에서 집안이 크게 현달하지는 못했으나 5형제의 효행이 나라에 알려져 정려를 받게 되면서 가문의 위상이 다시 일어나게 되었습니다.

오늘날은 세상의 추세에 따라 고향을 떠나 전국 각지에서 삶의 터전을 잡고 살고 있는 종원이 많아졌고, 거의 연락이 두절된 종원들도 있는 실정입니다. 그러면서도 각자의 위치에서 반듯한 행실과 책임을 다하는 자세로 이 국가와 사회에 나름대로 기여하고 있습니다.

우리 문중은 그동안 몇 차례 족보를 편찬하여 가문의 계보를 분명히 지켜왔습니다만, 지금은 1971년에 편찬한 족보 이후로 50년에 이르도록 그 일을 이어받지 못하고 있는 실정이 되었습니다. 이제 세상의 추세에 따라 인터넷 카페에 우리의 족보를 다시 정리하여 모든 종원들이 쉽게 볼 수 있도록 하고, 다시 모든 종원들이 결집하는 계기로 삼고자 합니다. 나아가 이를 토대로 새롭게 책자로도 족보를 간행하여 보급할 것입니다.

부족한 제가 종회장을 맡고 있는 시기에 이 작업을 추진하게 되어 무거운 책임감을 느낍니다. 여러 종원분들의 협조와 참여 덕분에 우선 이 정도라도 족보를 정리할 수 있게 되어 고마운 마음을 전합니다. 모두 가문에 대한 자부심을 가지시면 좋겠습니다.

가락국 기원 1981년(서기 2022) 국화절
24세손 종회장 철학박사 경수 삼가 씀

2. 옛날 족보 서문

1) 신해본(1971) 서문

대저 종족을 모으는 방법은 족보를 편찬함보다 나은 것이 없고, 족보를 편찬하는 방법은 대동보를 만드는 것보다 나은 것이 없다. 그러나 만약 힘이 대동보를 만들기에 부득이한 바가 있으면 그 간단하고 쉬운 것을 좇아 파보를 만드는 것이 또한 당연하지만 쉬운 일은 아니다. 우리 김 씨는 재종형 진사 보곤 씨가 족보를 편찬한 이후부터 지금까지 수십 년 간에 늦게 태어난 후손이 족보에 들어가지 못한 사람이 점차로 많아져서 헤아릴 수 없게 되고, 씨족 촌수의 멀고 가까움과 어느 성씨에 장가가고 시집갔는지 그리고 몇 년도에 사망했는지 산소는 어디에 있는지를 아득히 고증하기 어려워 지금 족보를 편찬하지 않을 수 없음이요, 또 지금 세상의 도리가 날로 험난하여 윤리도덕이 점차 땅에 떨어지니 또한 일을 후세에 미룰 수가 없다. 대동보로 편찬하고자 하면 씨족이 매우 많아 팔도에 두루 흩어져 있어 빠트려서 모으기 힘든 어려움이 있고 또 일은 크고 힘은 적어 마침내 의도대로 이루기 어려운 까닭에 다만 선조 둔운공 휘 부장 이하 자손으로부터 가승보를 만들기로 의논을 합하였으니 비록 약간

부족한 느낌이지만 이 이른바 시세라는 것이니, 시세가 또 이와 같으니 어찌하리오!

　대저 족보는 조상의 순서를 밝히고 종족을 수습하는 방법으로, 비록 파보이지만 조상을 계승하고 후손을 넉넉하게 하는 의리는 또한 동일하다. 비유하자면 강과 하천의 만 갈래 흐름이 그 근원은 곧 하나인 것이요, 소나무 잣나무의 천 가지가 그 뿌리는 같은 것이라. 옛날에 [중국 송나라] 미산(眉山) 소(蘇) 씨가 고조 이하로부터 족보를 만들어 날마다 우리 족보를 보는 사람은 효제의 마음이 자라나서 생길 것이라 하였으니, 지금 이후 우리 족보를 보는 자도 또한 마땅히 효제의 마음을 우선으로 삼아 각각 하나의 근본인 이치를 생각하고 모두 종족의 우의를 돈독히 하여 오늘의 족보 편찬을 다 끝난 일로 여기지 말고 더욱 힘써 노력할지어다.

　　　가락기원 1930년 신해(1971) 국화절에 후손 석곤이 손 씻고 삼가 씀

2) 신묘본(1951) 서문

정이천이 일찍이 말하기를 "천하의 인심을 통섭하고자 하면 종족을 수습하고 풍속을 도탑게 해야 하니 모름지기 계보를 밝혀야 한다"고 했으니, 참으로 옳다. 대저 공손히 생각하니, 우리 조상들의 성씨와 본관은 원류가 조리 있고 순서가 분명하여 고증할 수 있다. 판도판서공 이후로 문장과 도덕과 충신과 효자로 명공거경(名公巨卿)이 대를 이어 세상이 우러러 보았으니 참으로 우리 동방의 드러난 성씨요 번화한 씨족이며, 자손들이 여러 고을에 분포한 것이 많고도 넘치지 않음이 없다. 우리 선대께서 청도로부터 산음(산청)으로 이주하였고 또 고성의 덕암촌으로 이주하여 이미 6-7세가 지나는 동안에 일찍이 대동보와 파보를 편수하고자 한 것이 서너 번이었으나 그치고 말았다. 그런데 돌이켜보건대 지금 세상의 도리는 불행하게도 상전벽해로 바뀌어 가세가 능히 예전과 같이 합보할 수 없으며 시세는 족보를 하지 않을 수 없는 즉 이에 9세조 이하 자손들이 합의하여 가승보를 만들기로 하였으니 일은 간단하고 계보는 상세하다. 이것이 덕암의 도타운 역사가 만들어진 바이다.

어떤 사람이 말하기를 "참으로 이와 같이 소략하다면 이에 종족을 모으고 풍속을 도타이하여 사람의 마음을 통섭하는 것이 미비한 바가 있지 않겠는가? 하였다. 말하기를, "그렇다. 참으로 그런 면이 있다. 그러나 시세가 다름이 있고 일 또한 부득이한 것이 있음이라. 또 중국의 소 씨가 '우리 족보를 보는 사람은 효제의 마음이 저절로 생겨날 것'이라고 말하지 않았는가? 이것은 그 계보가 밝아지고 종족이 가까움을 말한 것이라! 지금 우리의 족보는 그 종족은 가

깝고 그 계보를 말하면 미루어 시조왕과 명맥이 이어진 지파에 이르니, 저 소씨의 단지 그 고조에서 그치는 것을 보면 많지 않은가! 오직 원하건대 우리 종족이 대대로 계승하기를 도덕과 충효 가운데로부터 나오지 않음이 없게 되면 먼 후손들이 음덕을 입고 은택을 받는 것이 또한 장차 오래도록 갈 것이니 모름지기 각각 이에 힘쓸 뿐으로, 어려운 일은 잘 따르는 것이라! 물러나 드디어 책을 엮고 책 끝에 기록하니 후세에 살펴보는 자는 이 뜻을 알고서 이에서 더욱 미루어 넓혀간다면 다행이리라.

대가락국 태조왕 기원 1910년 신묘(1951) 초여름
탁영선생 15세손 성균관 진사 보곤 손 씻고 삼가 씀

3) 정묘본(1867) 서문

대저 족보란 세대를 밝히는 근본이다. 세대를 밝힘으로서 인륜을 밝게 하니 인륜을 밝힘이 고대의 학문이다. 그런즉 30년에 한 번 족보를 하는 것은 그 또한 세상 가르침이 의거하는 바이다! 아버지로 말미암아 할아버지로, 할아버지로 말미암아 고조와 증조로 나아가 시조에까지 이르며, 아들로 말미암아 손자로, 손자로 말미암아 증손과 현손에게로 하여 무궁한 후손에까지 기약하니, 하나의 기가 곧게 이어지고 효의 가르침이 멀리 이어짐을 알 수 있다. 형제로 말미암아 종부형제로, 종부형제로 말미암아 종조형제로, 종조형제로 말미암아 백 세 위의 형제에게까지 이르니 하나의 기가 곁가지로 통하고 우애의 가르침이 도타움을 알 수 있다. 아무개가 아무개 씨에게 장가가고, 아무개의 딸이 아무개 씨에게 시집가니, 아무개 씨는 내가 나온 바의 아무개이다. 내가 다른 성씨로부터 나옴의 계통이 있으니 화목의 가르침이 분명하다. 「요전」의 구족과 『주례』의 육행이 여기에 있음이라. 요 임금의 임금 됨보다 큰 것이 없고 주공의 제도보다 성한 것이 없으니, 반드시 이로부터 유추하면 그 가르침 됨이 이미 크지 않은가! 삼대 시대의 종법은 끌어올 수 없으니 세대가 멀어지면 쉽게 잊고 종족이 많으면 합하기 어려운 까닭에 한 세대에 한 번 족보를 함은 근본을 잃지 않고자 하는 뜻이라. 이로 미루어보면 인정은 직접 본 바에서 생겨나니 사람의 자식 된 자는 분묘를 보면 애통한 마음이 생기고, 족보를 보면 효성과 우애가 도탑고 화목한 마음이 반드시 자연스럽게 저절로 생겨나니 비록 세대가 멀어도 이에 선조들의 뼈와 살이 또한 인륜의 당연한 바이다.

생각건대 우리 삼현파는 가락으로부터 나와서 중시조 대각간 선생이 신라로 들어가 세상에 없는 공으로 청사에 빛을 드리웠다. 후손들이 번성함은 헤아릴 수 없으니 벼슬이 끊이지 않았고, 곧은 충신, 아름다운 절개, 뛰어난 재상, 무공이 계승되고 문장과 덕업이 대대로 환하여 98파가 각각 그 선조를 존숭하니 동방의 큰 종족이라 할 수 있다. 고려 때의 판도판서공 휘 관(管)께서 바로 우리 파의 드러난 조상이시다. 그 손자 둔옹공께서는 포은 정몽주 선생과 종유하였는데 처음 청도로 이사하였고, 그 3세손 절효공과 5세손 탁영공 그리고 6세손 삼족당 선생이 도학 연원으로서 한 가문을 크게 일으켜 3현으로 제사 받으니 세상에 드문 바이다. 8세손 도연 선조께서는 한강 정구 선생의 문하에서 공부하면서 삼남의 선비들과 사학의 유림들로 더불어 상소로 청원하여 특별히 자계서원의 사액을 받고 문민의 시호를 받았으니, 그 추모의 정성이 우뚝하고도 왕성하다.

아! 나라가 불행하여 무오사화 기묘사화를 만나 자손이 유배되니 깊이 탄식함이 있었으니 선정사손에 이르러 국법에 관계됨이 중대하였다. 다행히도 정암 조광조 선생의 상소로 건의함으로 삼족당의 둘째 아우 휘 대장이 문민공의 사손으로 계승하고 벼슬의 은전을 입어 창녕현감을 역임하였다. 현감 공이 네 아들을 낳았는데 큰아들 휘 갱鏗은 두 사위를 두었으나 후사가 없어 아우 장鏘이 형이 죽자 아우로서 종사를 받들었는데 음사로 부사과를 제수 받았다. 다음은 휘가 령鈴이니 사마시에 합격하여 벼슬은 부호군에 그쳤다. 다음은 휘가 익鈌이니 문과에 급제하여 정언을 지냈다. 본파와 지파가 모두 번성하여 제사에 차례가 있고 갈수록 번창하여 사백여년이니 법도가 지금에 이르고 있다.

뜻하지 않게도 지난 임신년에 서울에 거주하는 한 사람이인 김영호라는 자는 김백작의 서얼인데 능히 국가의 기강을 기만하여 갑자기 문민공의 사손이라고 칭하면서 서울에서 족보를 만들어 이름하기를 대동보라고 하였다. 뿌리 없는 김 씨 성을 가진 자들이 같은 소리로 서로 응하여 삼현을 조상이라고 하여 가짜 족보를 만들었으니 그 선조를 욕되게 한 변란이 한 차례 극에 달하였다. 근년에 김해김씨의 족보는 해마다 여기저기서 빠트리고 누락하니 이 또한 윤리가 끊어지고 조상의 계보가 문란해짐이라! 우리 파의 족보 편찬이 이미 40년을 지났으니 중간에 종종 족보를 편찬하고자 하는 일이 있었으나 또한 원만하지 못하여 불초한 내가 항상 마음속이 우울하였다. 나이는 70에 가까우나 지금 만약 조상의 차례를 밝히지 않고 진실과 거짓을 정리하지 않는다면 세대는 멀어지고 사람은 죽어 문헌에서 고증할 수 없으니 후세의 종족이 어디에서 증거를 찾고 그 돌과 옥을 분별하겠는가? 여러 해를 경영한 나머지 한 문중의 여러 족인들과 의견을 모아 삼가 삼현파의 가승보 편찬의 일을 마쳤다. 범례는 다음과 같으니, 하나는 효도와 우애를 도탑게 하고 화목하게 함이 마땅하고, 하나는 다른 사람들의 탄식을 면할 수 있으니 또한 세상의 때와 맞음이라.

세 대가락국 황태왕 기원 1886년 정묘(1867) 중양
탁영선생 14세손 정3품 통정대부 하양군수 용복 손 모아 삼가 씀

김해김씨 삼현파

덕암문중 파보

3. 시조부터 62세까지 세계도

太祖	2世	3世	4世	5世	6世	7世	8世	9世	10世
수로왕 首露王	도왕 道王	성왕 成王	덕왕 德王	명왕 明王	신왕 神王	혜왕 惠王	장왕 莊王	숙왕 肅王	양왕 讓王

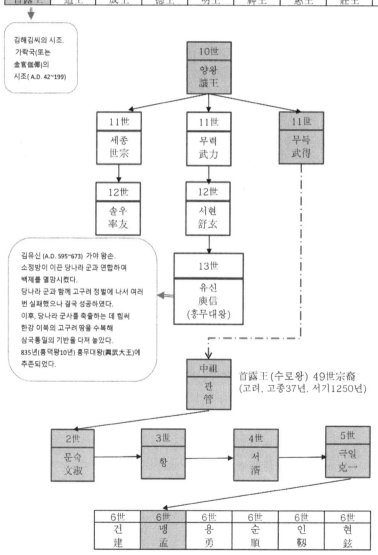

김해김씨의 시조,
가락국(또는
金官伽倻)의
시조(A.D. 42~199)

김유신 (A.D. 595~673) 가야 왕손.
소정방이 이끈 당나라 군과 연합하여
백제를 멸망시켰다.
당나라 군과 함께 고구려 정벌에 나서 여러
번 실패했으나 결국 성공하였다.
이후, 당나라 군사를 축출하는 데 힘써
한강 이북의 고구려 땅을 수복해
삼국통일의 기반을 다져 놓았다.
835년(흥덕왕10년) 흥무대왕(興武大王)에
추존되었다.

10世 양왕 讓王

11世 세종 世宗 · 11世 무력 武力 · 11世 무득 武得

12世 솔우 率友 · 12世 서현 舒玄

13世 유신 庾信 (흥무대왕)

中祖 관 管 · 首露王 (수로왕) 49世宗裔 (고려, 고종37년, 서기1250년)

2世 문숙 文淑 · 3世 항 · 4世 서 湑 · 5世 극일 克一

6世	6世	6世	6世	6世	6世
건 建	맹 孟	용 勇	순 順	인 靭	현 鉉

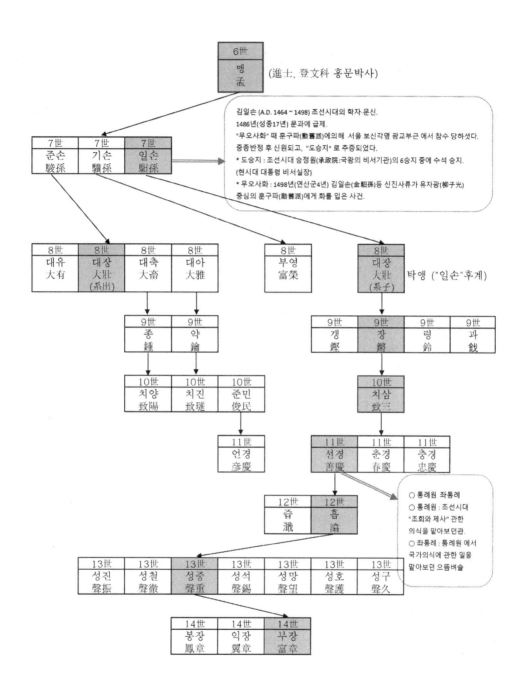

6世
맹 孟 (進土, 登文科 홍문박사)

김일손 (A.D. 1464 ~ 1498) 조선시대의 학자·문신.
1486년 (성종17년) 문과에 급제.
"무오사화" 때 훈구파(勳舊派)에의해 서울 보신각옆 광교부근 에서 참수 당하셨다.
중종반정 후 신원되고, "도승지" 로 추증되었다.
* 도승지 : 조선시대 승정원(承政院:국왕의 비서기관)의 6승지 중에 수석 승지.
(현시대 대통령 비서실장)
* 무오사화 : 1498년(연산군4년) 김일손(金馹孫)등 신진사류가 유자광(柳子光)
중심의 훈구파(勳舊派)에게 화를 입은 사건.

7世 준손 駿孫
7世 기손 驥孫
7世 일손 馹孫

8世 대유 大有
8世 대장 大壯 (系出)
8世 대축 大畜
8世 대아 大雅
8世 부영 富榮
8世 대장 大壯 (系子) 탁영 ("일손"후계)

9世 종 鍾
9世 약 鑰
9世 갱 鏗
9世 장 鏘
9世 령 鈴
9世 과 鍋

10世 치양 致陽
10世 치진 致璡
10世 준민 俊民
10世 치삼 致三

11世 언경 彦慶
11世 선경 善慶
11世 춘경 春慶
11世 충경 忠慶

○ 통례원 좌통례
○ 통례원 : 조선시대
"조회와 제사" 관한
의식을 맡아보던관.
○ 좌통례 : 통례원 에서
국가의식에 관한 일을
맡아보던 으뜸벼슬

12世 즙 濈
12世 흡 潝

13世 성진 聲振
13世 성철 聲徹
13世 성중 聲重
13世 성석 聲錫
13世 성망 聲望
13世 성호 聲護
13世 성구 聲久

14世 봉장 鳳章
14世 익장 翼章
14世 부장 富章

4. 통례공파 계보(11세-20세)

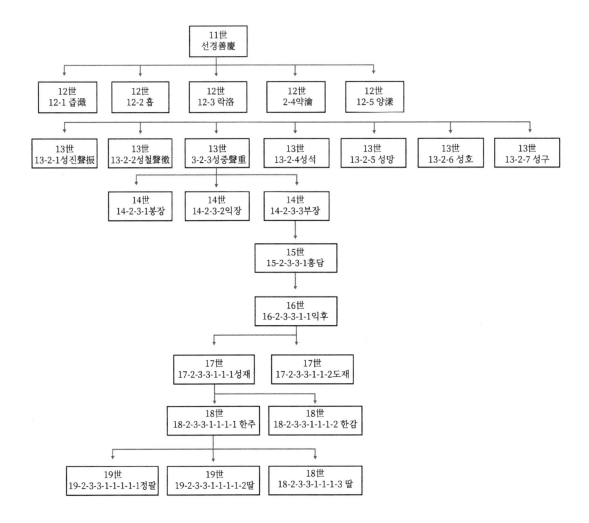

11世
선경善慶

12世 12-1 즙濈 | 12世 12-2 흡 | 12世 12-3 락洛 | 12世 2-4약瀹 | 12世 12-5 양漾

13世 13-2-1성진聲振 | 13世 13-2-2성철聲徹 | 13世 3-2-3성중聲重 | 13世 13-2-4성석 | 13世 13-2-5 성망 | 13世 13-2-6 성호 | 13世 13-2-7 성구

14世 14-2-3-1봉장 | 14世 14-2-3-2익장 | 14世 14-2-3-3부장

15世 15-2-3-3-1홍담

16世 16-2-3-3-1-1익후

17世 17-2-3-3-1-1-1성재 | 17世 17-2-3-3-1-1-2도재

18世 18-2-3-3-1-1-1-1 한주 | 18世 18-2-3-3-1-1-1-2 한감

19世 19-2-3-3-1-1-1-1-1정팔 | 19世 19-2-3-3-1-1-1-1-2딸 | 18世 18-2-3-3-1-1-1-3 딸

11세 선경(善慶)

자는 적여, 선조 19년 병술(1586)에 태어나서 음서로 통례원 좌통례가 되었다. 인조 16년 정월 27일 세상을 떠나니 향년 53세였다. 헌종 2년 임인년에 백동사에 향사되었다. 묘소는 청도군 아래 남유천관 뒷산의 경좌이다. 부인은 의인 포산곽씨로 아버지는 생원 경흥이고, 할아버지는 통덕랑 종길이다. 정해 4월 23일 세상을 떠나 묘는 남편과 합장하고 함께 묘갈비가 있다.

12세 즙(濈)

12세 흡(潝)

자는 여장, 만력 기유(1606)에 태어나서 병오 12월 13일에 세상을 떠나 향년 58세였다. 효행으로 호조좌랑에 추증되었다. 묘소는 온포산 백호등의 해좌이다.부인은 숙부인 연일정씨로 아버지는 생원 사물이다. 임인 4월 25일에 세상을 떠나 묘소는 같은 언덕에 있다. 밀양에 사는 방손 용종이 논의하여 비석을 세웠다.

12세 락(洛)

12세 약(瀹)

12세 양(漾)

13세 성진(聲振)

13세 성철(聲徹)

13세 성중(聲重)

자는 달경이고, 인조 경진에 태어나 음서로 제랑에 제수되었다. 을미 8월 15일에 세상을 떠나니 향년 66세였다. 묘소는 수야산 선영 밖 백호등의 간좌이다. 부인은 의인 밀양박씨로 아버지는 내장이다. 묘소는 수야산 안 백호들 아래 자좌이다. 뒷부인은 의인 서흥김씨로 아버지는 생원 용삼이다. 묘소는 외백호 합곡의 건좌이다.

13세 성석

13세 성망

13세 성호

13세 성구

14세 봉장

14세 익장

──────────────── (이하 덕암 문중)

14세 부장

자는 명여이고, 호는 둔운이며, 숙종 무오년 5월 5일에 태어나서 청도로부터 산청 장위곡으로 이사하였다. 타고난 자질이 뛰어나 널리 배우고 문장에 능하였다. 집안에 닥친 사화를 매우 근심하여 항상 세상을 피할 뜻을 가졌다. 고성을 지나다가 그 산수를 사랑하여 만년에 계산 아래에 깃들었으니, 그 사실이 청도문헌고에 실려 있다. 기미년 8월 15일에 세상을 떠나니, 향년 62세였다. 묘소는 고성군 회화면 녹명리 승전곡 주거등 초입의 자좌이다. 부인은 재령이씨로 기미년 6월 4일에 태어났다. 아버지는 이정이고, 할아버지는 석형이며, 증조는 하영으로 모은공 이오의 후손이다. 외할아버지는 밀양 박준이다. 정사년 10월 10일 세상을 떠나 합장하였다.

────────────────

15세 흥담

다른 이름은 경찰이고, 자는 덕교이며, 숙종 무인년 12월 7일에 태어났다. 벼슬은 정3품 좌부승지 겸 경연참찬관을 지냈다. 경진년 10월 15일 세상을 떠나니 묘소는 녹명리 승전곡의 부친 묘 아래 자좌이다. 부인은 숙부인 단양우씨로 아버지는 삼수이고, 할아버지는 호석이며, 외할아버지는 진양 정태종이다. 정축년 4월 13일에 태어나서 을해년 11월 29일에 세상을 떠났다. 묘소는 고성군 구만면 덕암 백록산 중간의 간좌이다.

16세 익후

처음 이름은 순문이었고, 자는 호윤이며, 호는 송포이다. 경종 갑진년 정월 25일에 태어났다. 동몽교관을 지내고 갑인년 8월 11일 세상을 떠났다. 묘소는 백록산의 어머니 묘소 왼쪽 간좌이다. 부인은 숙인 동래정씨로 무신년 7월 26일에 태어났는데 아버지는 첨정 취상이며 할아버지는 석희로 승지 부완의 후손이다. 외할아버지는 안동 권도조이다. 경술년 4월 4일에 세상을 떠나니 묘소는 회화면 당항리 직곡의 해좌이다.

17세 성재

자는 극지이고, 호는 안재이다. 영조 임술년 십이월 8일에 태어났다. 문장에 능하고 행실을 닦아 칭송받았다. 임오년에 효행과 청렴으로 추천되어 태릉참봉을 제수 받았다. 무인년 3월 15일에 세상을 떠나니, 향년 77세였다. 묘소는 백록산 어머니 묘소 아래의 간좌이다. 부인은 밀양박씨로 아버지는 근이고,

할아버지는 태동으로 완천당 덕손의 후손이다. 외할아버지는 순흥 안중광이다. 계해년에 나서 임술년 2월 5일에 세상을 떠났다. 묘소는 고성군 무량리 안산 너머 남쪽의 해좌이다.

17세 도재

18세 한주

자는 응규이다. 영조 경인년 7월 16일에 태어났다. 통사랑에 제수되고 기사년 12월 11일에 세상을 떠났다. 묘소는 백록산 아버지 묘소 오른쪽의 간좌이다. 부인은 의인 은진송씨로 아버지는 환현이고, 할아버지는 의상으로 우암 송시열의 후손이다. 외할아버지는 한산 이필근이다. 기축년 정월 9일에 태어나서 병오년 12월 29일에 세상을 떠났다. 묘소는 백록산 청룡등의 간좌이다.

18세 한감 – 20세 채진 용진 : 후사 없음

19세 정팔

자는 군명이고 호는 동암이다. 정조 경신년(1800) 8월 18일에 태어났다. 태어나면서부터 특이한 기질이 있었으니 등에 북두칠성 모양의 점이 있었다. 10

세에 아버지 상을 당하여 슬픔을 다하고 예를 극진히 하니 사람들이 효성스런 아이라 칭송하였다. 어머니를 모시는데 병이 생기니 신인이 약을 알려주는 기이함이 있었다. 널리 경전과 역사를 섭렵하고 더불어 예의에도 통달하였다. 계산정을 짓고 산수에서 즐겼는데 어사 김기찬 공이 세 번이나 서실에 들러 아름다움을 칭탄하면서 "본 것이 들은 것보다 낫다"고 하고서 쌀과 고기를 상으로 주었다. 철종 2년(1851) 2월 30일에 세상을 떠나니, 향년 52세였다. 대도독(통제사) 채동건 공이 공의 효와 학행 및 부인 강씨의 효행과 아울러 조정에 장계를 올렸다. 고종 계유년(1873) 3월에 정려를 명하시니 진사 최운이 기문을 짓고, 지와 정면교가 상량문을 지었다. 통훈대부 사헌부 감찰에 추증하고, 다시 가선대부 이조참판 겸 동지홍문관 직제학에 추증하니 그 일은 삼강록에 기재되어 있다. 남긴 원고가 있다. 묘소는 진양군 문산면 갈촌리 송정촌 말터 가운데 조등의 진좌이다. 부인은 정부인 진양강씨로 경신년(1800) 8월 8일에 태어났다. 아버지는 시욱이고 할아버지는 계팔인데, 어사 사첨의 후손이다. 외할아버지는 상주 주언기이다. 부인의 덕을 갖추어 시부모를 모심에 지극히 효도하여 남편과 더불어 정려를 받으니, 덕암촌 앞에 있다. 정축년(1877) 9월 25일에 세상을 떠났다. 묘소는 백록산 시어머니 묘소 아래의 간좌이다.

19세 첫째 딸

최제즙에게 출가하니 경주인으로 아버지는 호조참판에 추증된 최윤이요, 할아버지는 최중삼이다. 문창후 최치원의 후손이다.

19세 둘째 딸

이지백에게 출가하니 전주인으로 아버지는 이계순이요, 할아버지는 이정길이다. 효령대군의 후손이다.

여기서 5형제가 나서 지금의 5소종중이 되었으므로, 이하 20세부터는 형제의 순서에 따라 20-1, 20-2 등으로 표시하고, 그 아래 21세는 21-1-1, 21-2-1 등으로 22세는 22-1-1-1, 22-2-1-1 등으로 표기하여 세대-소종중-증조의 순서-몇째 아들의 순서로 번호를 매겨서 알기 쉽도록 한다.(도표에 기재한 번호를 그대로 연결하여 매긴 순서이다.)

20세 딸 둘은 여기에 먼저 수록하고, 5형제는 각 계파별로 묶어서 수록한다.

20-큰딸

배중규에게 출가하였다. 대구인으로 아버지는 배계화이고, 할아버지는 배영수로, 고부군 배인경의 후손이다. 배윤수로 후손을 이었다.

20-둘째딸

최성진에게 출가하였다. 전주인으로 아버지는 최필훈이고, 할아버지는 최응우로, 의숙공 최강의 후손이다. 아들은 최규호이다.

5. 20세 이후 파보

1) 수일 계열(1소종중)

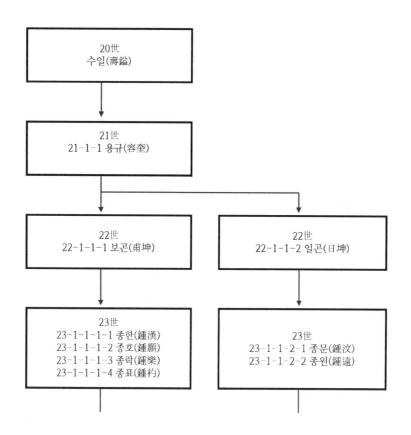

20世
수일(壽鎰)

21世
21-1-1 용규(容奎)

22世
22-1-1-1 보곤(甫坤)

22世
22-1-1-2 일곤(日坤)

23世
23-1-1-1-1 종한(鍾漢)
23-1-1-1-2 종호(鍾顥)
23-1-1-1-3 종락(鍾樂)
23-1-1-1-4 종표(鍾杓)

23世
23-1-1-2-1 종문(鍾汶)
23-1-1-2-2 종원(鍾遠)

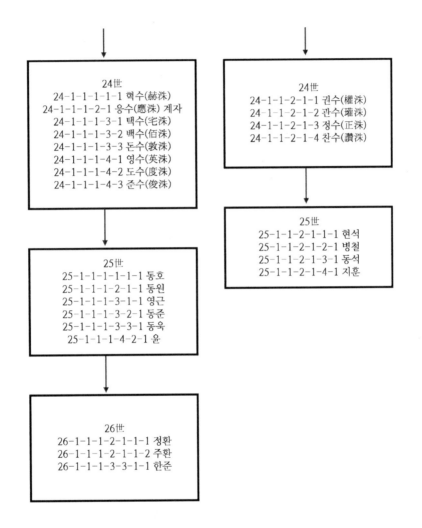

24世
24-1-1-1-1-1 혁수(赫洙)
24-1-1-1-2-1 응수(應洙) 계자
24-1-1-1-3-1 택수(宅洙)
24-1-1-1-3-2 백수(佰洙)
24-1-1-1-3-3 돈수(敦洙)
24-1-1-1-4-1 영수(英洙)
24-1-1-1-4-2 도수(度洙)
24-1-1-1-4-3 준수(俊洙)

24世
24-1-1-2-1-1 권수(權洙)
24-1-1-2-1-2 관수(瓘洙)
24-1-1-2-1-3 정수(正洙)
24-1-1-2-1-4 찬수(讚洙)

25世
25-1-1-1-1-1 동호
25-1-1-1-2-1 동원
25-1-1-1-3-1 영근
25-1-1-1-3-2 동준
25-1-1-1-3-3 동욱
25-1-1-1-4-2 윤

25世
25-1-1-2-1-1 현석
25-1-1-2-1-2 병철
25-1-1-2-1-3 동석
25-1-1-2-1-4 지훈

26世
26-1-1-1-2-1-1 정환
26-1-1-1-2-1-2 주환
26-1-1-1-3-3-1 한준

20-1 수일

　자는 능현이고, 호는 덕암이다. 정릉참봉을 제수 받았다. 순조 병술년 3월 23일에 태어났다. 성품과 행동이 순후하고 부지런하고 말이 무거웠다. 아버지의 병환을 보살피는 50일 동안 치료하고 약을 드리는 절도가 극진하여 대변을 맛보아 병의 차도를 징험하였다. 계유년(1873)에 부모의 효행으로 채동건 공이 상소하여 회계함에 눈을 뚫고 밤에 무주 장평에 도착하니 호랑이가 앞길을 보호하여 정려를 받았다. 정축년(1877)에 어머니 상을 당하여 시묘살이에 정성을 다하니 향리 사람들이 보고서 감동하여 단자를 상으로 주었다. 늙어서 어버이의 정려에 물이 스며들어 걱정이었는데, 공은 회복하기 어려운 병중에도 자식에게 명하여 이르기를 "이 일이 완공되지 않으면 내가 눈을 감을 수 없다" 고 하여, 그 공사가 끝난 다음날 서거하였다. 어버이의 가르침을 준수하여 조상들이 남기신 덕업을 지킴에 부지런 하였고, 자손들에게 경계하기를 학문 장려를 지극하라고 훈계하였다. 네 명의 아우 및 부인 차씨와 더불어 함께 지극한 효성을 갖추었으니 세상에서 5효자 1효부라고 칭송하여 그 사실이 『삼강록』『철성지』『교남지』『환여승람』 등에 실려 있고, 고을과 도의 유림들이 올린 상소가 있다. 무술년 8월 23일에 세상을 떠나니, 향년 73세였다. 묘소는 진양군 사봉면 우곡리 월곡 양종치 나팔등 을좌이다. 부인 공인 연안차씨의 아버지는 차주환이며, 할아버지는 차덕기이고, 문절공 차원부의 후손이다. 외할아버지는 해주 오재신이다. 지극한 효성이 있었는데 시아버지를 모심에 등창이 있자 꿈에 도꼬마리풀 뿌리가 좋다는 말을 듣고서 캐어 올리니 효험이 있어 이웃에서 모두 칭송하였다. 기유년 2얼 3일에 세상을 떠났다. 묘소는 덕암의 운치 반달모양에 경좌이다.

21-1-1 용규

처음 이름은 상식이고, 다른 이름은 창규이며, 자는 태홍이고, 호는 구만이다. 철종 기미년 5월 25일에 태어났다. 성재 허전의 문하에서 수학하였다. 학문이 매우 깊고 논의가 정직하였으며, 오랑캐를 구별하는 의리와 사악함과 정도를 가리는 논변이 세상에 드러났다. 고종이 승하하자 백립을 쓰고 몸소 두 임금의 영정을 봉안하고서 아침저녁으로 참배하면서 눈물을 흘렸다. 장례를 마치고서 원근의 선비 벗들과 회합하여 계를 조직하여 이름을 상의계라 하였다. 『용학도설』을 저술하였고 문집이 있다. 계유년 4월 11일 세상을 떠나니, 향년 75세였다. 묘소는 진양군 이반성면 가수개 안산 매골 서쪽 중간의 건좌이다. 부인은 전주최씨로 아버지는 최상원이고, 의민공 최균의 후손이다. 정사년 4월 22일에 태어나서 갑자년 10월 20일에 세상을 떠났다. 묘소는 덕암의 죽산 건좌이다.

21-1-큰딸

이진걸에게 출가하였다. 함안인으로 아버지는 이응규이고, 청계 이현의 후손이다. 아들은 이형수이다.

21-1-둘째딸

이진면에게 출가하였다. 함안인으로 아버지는 이정규이고, 황파 이규의 후손이다. 아들은 이정수이다.

22-1-1-1 보곤

다른 이름은 보용이고, 자는 인숙이며, 호는 녹헌이다. 고종 신사년(辛巳, 1881) 2월 1일에 태어났으나 나이를 더해서 갑술년 생으로 하였다. 신묘년(辛卯, 1893) 2월 8일에 제감시 초시에 응시하고 같은 해 5월 13일에 증광경과 복시에 동몽으로 성균진사에 합격했다. 회당 장석영의 문하에서 공부하였다. 임진년(壬辰, 1952) 12월 2일에 세상을 떠났다. 묘소는 백록산 선친 묘소 아래 간좌이다. 부인은 의인 함안조씨로, 아버지는 조성길이고, 참의 조익도의 후손이다. 경진년 6월 21일에 태어나서, 임인년 8월 10일에 세상을 떠났다. 묘소는 2012년 4월 29일에 덕암 백록산 선영(고성구 구만면 광덕리 산 147)으로 이장하였으며 쌍분이다.

22-1-1-2 일곤

다른 이름은 일용(日鎔)이고, 자(字)는 봉숙이며, 호는 명곡이다. 고종 을유년(乙酉, 1885) 7월 16일에 태어나서, 계묘년 1963년 음력 9월 1일 세상을 떠났다. 묘소는 덕암 나한방 간좌이다. 부인은 전주최씨로 최화산(崔華山)이고 병술년 1886년 음력 11월 12일에 태어나서 경인년 양력 3월 28일(음력 2월 4일)에 세상을 떠났다. 아버지는 "최규일(崔圭一)"이고 해정공 "최수강"의 후손이다. 묘소는 광덕리(덕암) 나한방 쌍분이다.

22-1-1-큰딸

최규형에게 출가하였다. 전주인으로 의민공 최균의 후손이다. 아들은 최계호이다.

22-1-1-둘째딸

이진현에게 출가하였다. 함안인으로 청계공 이현의 후손이다. 아들은 이상수 이임수 이효수이다.

23-1-1-1-1 종한

자는 대윤이다. 고종 경자년(庚子, 1900) 4월 12일에 태어나서, 기유년(己酉, 1969) 12월 25일에 세상을 떠났다. 묘소는 덕암 죽전산 임좌이다. 부인은 전주최씨 최경수로, 아버지는 최정순이다. 의민공 최균의 후손이다. 경자년 8월 27일에 태어나서, 기유년 8월 9일에 세상을 떠났다. 묘소는 2012년 4월 29일에 덕암 백록산 선영(고성군 구만면 광덕리 산 147)으로 이장하였으며 쌍분이다.

23-1-1-1-2 종호

자는 기중이다. 고종 임인년 4월 27일에 태어나서, 임인년 12월 22일에 세상을 떠났다. 묘소는 덕암 장등골 간좌이다. 부인은 함안조씨로 아버지는 조태식이다. 절도사 조수천의 후손이다. 계묘년 5월 14일에 태어나서, 정축년 4

월 13일에 세상을 떠났다. 묘소는 쌍분이다.

23-1-1-1-3 종락(鍾樂)

자는 락중이다. 계축년(癸丑, 1913) 양력 2월 24일(음력 1월 19일)에 태어났다. 부인은 청송심씨 심기순(沈己順)으로 기미년 양력 11월 4일(음력 9월 12일)태어났다. 아버지는 심상돈이고 충혜공 심연원의 후손이다. 갑신년 1944년 양력 11월 11일(음력 9월 26일) 25세 나이로 세상을 떠났다. 슬하에 택수와 백수두 아들이 있다. 묘소는 구만면 광덕리 산 147(백록산) 선영 아래 갑자이다. 다음 부인은 남양홍씨(洪貞順)로 갑자년 양력 1월 25일(음력 계해년 11월 4일)에 태어났다. 아버지는 홍성원이다. 슬하에는 아들 돈수와 임수 두 남매가 있다. 종락은 정축년 1997년 양력 10월 4일(음력 9월 3일) 서울강남시립병원에서 84세로 세상을 떠났다. 홍정순은 기해년 2019년 양력 7월 30일(음력 6월 28일)에 서울 강남성모병원에서 향년 96세로 세상을 떠났다. 묘지는 광덕리 산147(백록산) 선영 아래쪽 배우자 좌측이다.

23-1-1-1-4 종표(鐘杓)

자는 화중이고, 호는 습재이다. 신유년(辛酉, 1921) 3월 13일에 태어나서, 경진년 8월 19일(양력, 음력 7월 20일) 세상을 떠났다. 묘소는 경기도 파주 동화 경모공원이다. 부인은 영암김씨로, 아버지는 김종갑이다. 영암군 김숙의 후손이다. 무진년 2월 26일에 태어나서, 무자년 6월 29일(양력) 세상을 떠났다. 묘소는 경기도 파주 동화 경모공원이고 아버님과 합장하다.

23-1-1-1-큰딸

조남제에게 출가하였다. 함안인이다.

23-1-1-1-작은딸

최낙정에게 출가하였다. 전주인이다. 아들은 최백림이다.

23-1-1-1-셋째딸

이도중에게 출가하였다. 벽진인으로, 한천재 이동의 후손이다. 아들은 이선필 이선정 이선량 이선인이다.

23-1-1-2-1 종문(鐘汶)

자(字)는 대중(大中)이다. 병진년(丙辰, 1916) 양력 6월 15일 (음력 5월 21일)에 태어나서, 병오년(丙午, 1966) 양력 6월 27일(음력 5월 9일)에 세상을 떠났다. 묘소는 광덕리(덕암) 나한방 아버지 묘소 아래 간좌이다. 부인은 함안이씨 이맹주(李孟珠)이고, 병진년 1916년 양력 6월 21일(을묘년 1915년 음력 12월 26일) 태어나, 기미년 1979년 양력 2월 16일(음력 1월 20일) 세상을 떠났다. 아버지는 이전수(李電洙)는 청계공 이형의 후손이다. 1954년 10월 행정사무관에 임명(38세) 되었고, 1963년 9월 행정서기관에 임명(47세) 되었으며, 1964년 10월 경상남도 교육위원회 관리국장에 임명(48세) 되었다.

23-1-1-2-2 종원(鍾遠)

경신년(庚申, 1920) 음력 5월 17일에 구만면 광덕리(덕암) 30에서 태어났고, 제사일은 음력 6월 9일이다. 묘소는 광덕리(덕암) 나한방 간좌이다.

24-1-1-1-1-1 혁수

병자년(丙子, 1936) 음력 5월 26일에 태어났다. 약사이다. 기해년(己亥, 2019) 음력 9월 12일 세상을 떠났다. 묘소는 용인 천주교 공원 묘원이다. 부인은 평택임씨 임명자로, 아버지는 임규흥(황조근정훈장수훈)이다. 신사년(辛巳, 1941) 음력 6월 16일에 태어났다. 서울에 거주한다.

24-1-1-1-1-2-큰딸

최인명에게 출가하였다. 삭령인으로, 참봉 최정립의 후손이다. 아들은 최의경이다.

24-1-1-1-1-2-둘째딸

최생림에게 출가하였다. 전주인이다. 의민공 최균의 후손이다.

24-1-1-1-1-2-셋째딸

김한길에게 출가하였다. 선산인이다. 용암 김주의 후손이다. 아들은 김문수 김진수이다.

24-1-1-1-1-2-넷째딸

이을숙에게 출가하였다. 성산인으로, 정무공 이호성의 후손이다. 아들은 이상룡 이상준이다.

24-1-1-1-1-2-다섯째딸

서태곤에게 출가하였다. 달성인이다. 아들은 서가득과 서계덕이다.

24-1-1-1-2-1 응수(계자)

갑신년(甲申, 1944) 9월 20일에 태어났다. 부인은 문화류씨로, 아버지는 찬열이다. 무자년 정월 26일에 태어났다.

24-1-1-1-3-1 택수(宅洙)

기묘년(己卯, 1939) 7월 19일(음력 6월 3일)에 경남 함안군 함안면 봉성동 933에서 태어났다. 부인은 해주최씨 최경희(崔敬姬)로, 병술년 1946년 양력 9월 4일(음력 8월 9일)에 태어났다. 아버지는 최산봉으로 황해도 태생이다. 1965년 7월 20일 제일은행에 입행, 1986년 2월 21일 경남 통영지점장외 서울 신정동, 사당동과 경기도 군포지점장 등을 거쳐 1992년 1월 1일부터 1995년 7월 31일까지 제일은행 검사부 검사역(반장)으로 근무 후 퇴직하였다. 1988년 10월

25일 재무부장관표창을 받았다.

24-1-1-1-3-2 백수

신사년 1941년 양력 12월 1일(음력 10월 13일) 구만면 광덕리 24에서 태어났다. 배우자는 김해김씨 김상례로 을해년 양력 1935년 12월 22일(음력 11월 9일)충남 금산읍 아인리 40에서 태어났다. 아버지는 김양수이고 금산읍 태생이며, 진의공파 김현의 후손이다. 1964년 5월 28일 서울시 공무원 제1회 공개채용시험에 합격 후 최초 부임지인 서울시 마포구청 근무를 시작으로 2001년 12월 30일(37년 7개월)까지 서울시본청 등 근무와 행정사무관으로 중구청 근무를 끝으로 정년퇴임하였다. 그간 근무 중에 2001에 녹조근정훈장(대통령: 김대중), 1991에는 정부모범공무원증(국무총리: 정원식), 1983에는 법무부장관표창(장관: 배명인), 1971~1990까지 서울특별시장 표창을 5회 수상하였다. 퇴직후 2007~2010(4년간) 대학동주민자치위원으로 위촉받아 지역발전 공로표창을 받은 바 있다. 1995~1995 선진국 세무행정 공무 연수차 이태리, 프랑스, 스위스, 독일, 세무청을 방문했고, 2000년에는 캐나다와 미국 워싱턴주 세무청 제2차 공무연수를 하였다. 1985년 제1회 공인중개사시험에 합격하여 2003년 개업하여 공인중개사 대표로 사무소를 운영하고 있다.

배우자는 근검절약으로 저축을 몸소 실천하여 1997년 국민은행장으로부터 표창패와 상금을 받았고, 특히 서화(書畵)에 재능이 있어 2003년 서울 운현궁 여성 서화대회 서울특별시장의 '참방'상을 받은 바 있으며, 2009년 환경미술협회주최 여성미술대전에서 한국화 부문에 입선한 바 있고, 그 외 11회 상장을 받은 바 있다. 배우자는 신축년 2021년 3월 23일(음력 2월 11일) 서울시 양천

구 중앙로 181 스마트 요양병원에서 오전 8시 30분 향년 86세로 세상을 떠났다. 묘지는 경기도 양주시 장흥면 권율로 29길 170(신세계 공원묘지)의 10파트 '배호'하단 신 단지 7열 3호 12위 평장(영구사용)이다.

24-1-1-1-3-3 돈수

을유년(乙酉, 1945) 12월 26일(음력11월22일)에 출생하였다. 1970년부터 건설관련업무에 종사하였다. 공인 특급건설기술자와 수석감리사이다. 한국관광개발, 삼익주택건설, 성원건설, 대한주택공사, SH공사, 한국전력공사, 축협 육가공공장 등의 공사관리직과 본사간부직으로 근무하였고, 건설회사 퇴직 후 현재는 설계감리전문업체에서 임원으로 재직 중이다. 배우자는 수원백씨 백승길이고, 1949년 12월 27일(음력 11월 13일) 경기양주 태생이다. 아버지는 백명현으로 양주부사, 대사헌 등을 역임한 문경공 백인걸의 직계손이다.

24-1-1-1-3-딸 임수(壬洙)

무자년 1948년 양력 7월 20일(음력 6월 9일)에 경남 고성군 구만면 광덕리 27에서 태어났다. 배우자는 경주최씨 최정수로 을유년 1945년 양력 12월 15일(음력 11월 11일)생이다. 아버지는 최계옥(崔桂玉)으로 경북 금량군 부항면 파천리 248 태생이다. 큰아들 최종은(崔鐘殷)이고 갑인년 1974년 양력 3월 15일(음력 2월 22일) 출생하였으며, 부인은 김지현이다. 둘째아들은 최종환(崔鐘桓)이며 병진년 1976년 양력 3월 14일(음력 2월 14일) 출생하였고 부인은 김주영이다.

24-1-1-1-4-1 영수(英洙)

신묘년(辛卯, 1951) 9월 13일에 태어났다. 부인은 박귀자(朴貴子)이다. 병신년(丙申, 1956) 7월(음력)이다. 밀양(密陽) 박(朴)씨로 아버지는 박상윤이다.

24-1-1-1-4-2 도수(度洙)

갑오년(甲午, 1954) 10월 9일에 태어났다. 부인은 엄혜선(嚴惠仙)이다. 정유년(丁酉, 1957) 10월(양력)에 태어나다. 아버지는 영월(寧越) 엄(嚴)씨로 엄진택(嚴鎭澤)이다. 병인년(丙寅, 1926) 음력 2월 23일(음력) 태어나서, 계미년(2003) 음력 2월 22일 세상을 떠났다. 묘소는 파주 동화 경모 공원이다.

24-1-1-1-4-3 준수(俊洙)

기해년(己亥, 1959) 11월 28일에 태어났다. 임술년(壬戌, 1983) 1월 15일에 '방위' 근무 중 사망한다. 경기도 파주시 파평면 화석정(花石亭) 앞 임진강에 산골하다.

24-1-1-1-4-딸 유수

무술년(戊戌, 1958) 2월에 태어났다. 조남근에게 출가했다. 아들은 승연이다. 을축년(乙丑, 1985) 4월에 태어났다. 서울에 거주한다.

24-1-1-2-1-1 권수(權洙)

　병자년(1936) 양력 2월 5일 (음력 1월 13일)에 구만면 광덕리 29번지(덕암)에서 태어났다. 부인은 결성김씨로 김순영(金筍英)이다. 1941년 양력 4월 18일 (음력 3월 22일)에 태어났다. 아버지는 김이협(金履浹)이다. 평안북도 강개읍 화천동 431번지 태생이다. 1986년 9월 4일 부산 동래구 낙민동 5-1 김유철내과 의원에서 세상을 떠났다. 아들은 김현석(金玄石)이고, 임자년 1972년 양력 12월 8일(음력 11월 3일)생, 딸은 김현지(金玹志)며 경술년 1970년 양력 2월 15일 (음력 1월 10일)에 태어났다. 국립 서울대학교 경제학과를 졸업하고, 1963년 경제기획원 외환과에서 근무하고, 1972년 행정사무관에 임명(소사세무서 총무과장) 되었으며, 1976년 종로세무서 소득세과장에 임명되었다. 1990년 녹조근정훈장(대통령)과 1993년 경제기획원장관표창(사공일 장관)을 받았다.

24-1-1-2-1-2 관수(瓘洙)

　병자년 1936년 양력 2월 5일(음력 1월 13일)에 태어났다. 배우자는 여주이씨로 이숙자(李淑子)이고, 기묘년 1939년 양력 11월 23일(음력 10월 13일)생이며 1963년부터 초등학교 교사로 임용되어 1968년 부산 영도구 봉학초등학교 교사로 의원 사직하였다. 아버지는 이형구(李亨九) 경남 밀양군 산외면 금천리 532 태생이다. 아들 김병철(金秉喆)은 병오년 1966년 양력 5월 26일생(음력 4월 7일)이고, 큰딸 김민혜(金民惠)는 갑진년 1964년 양력 2월 19일(음력 1월 7일)생이고, 둘째딸 김민경(金民敬)은 기유년 1969년 양력 8월 24일 (음력 7월 12일)에 자녀가 태어났다. 국립 부산대학교 상과대학 무역학과를 졸업(석사학위 받음)하고, 1986년~1996년(10년간) 경기도 수원장안대학(전 장안전문대학) 경제학 교수로 근무하였다.

24-1-1-2-1-3 정수(正洙)

기묘년 1939년 양력 9월 9일(음력 7월 26일) 구만면 광덕리(덕암) 29에서 태어났다. 배우자는 전주이씨 이정화(李正花) 병술년 1946년 3월15일(음력 2월 12일)생이고, 아버지는 이환재(李煥在)이며 경기도 고양시 태생이다. 딸은 김영아(金永我)로 신해년 양력 1971년 7월 20일(음력 9월 9일)생이고, 아들은 김동석으로 을묘년 1975년 양력 11월 3일 (음력 10월 1일)생이다. 국립부산대학교 공과대학을 졸업하고, 2004년 4월 9일 세상을 떠났다.

24-1-1-2-1-4 찬수(讚洙)

기축년 1949년 양력 3월 7일(음력 2월 8일)에 구만면 광덕리 29에서 태어났다. 임진년 2012년 양력 10월 31일에 세상을 떠났다. 배우자는 전주이씨로 이옥주이다. 계사년 1953년 양력 9월 6일(음력 7월 28일)생이고, 아버지는 이내형이며 1980년 5월 세상을 떠났다. 아들은 김지훈으로 정사년 1977년 양력 7월23일(음력 6월 8일) 서울에서 태어났다. 1999년 하이마트(가전제품 판매)를 창업하고, 2004년 하이마트 쇼핑몰 대표이사를 거쳐 2005년 주)와이제이 플러스 대표이사를 지냈다.

24-1-1-2-1-큰딸 영수(令洙)

계미년 1943년 양력 9월 12일(음력 8월 13일) 구만면 광덕리(덕암) 29에서 태어났다. 배우자는 진주강씨 강주수(姜宙秀)이다.

24-1-1-2-1-작은딸 일순(日洵)

신묘년 1951년 양력 11월 7일(음력 10월 9일) 경남 고성군 구만면 광덕리(덕암) 29에서 태어났다. 배우자는 청송심씨 심완보이다.

25-1-1-1-1-1-1 동호

1965년 음력 11월 13일에 태어났다. 회사원이며 서울에 거주한다.

25-1-1-1-1-1-큰딸 정화

1967년 음력 9월 23일에 태어났다. 배동식에게 출가하였다. 1964년 12월생이다. 아들은 배현준(2001년 4월생), 배휘준(2005년 3월생)이며 인천 청라에 거주한다.

25-1-1-1-1-1-둘째딸 정인

1969년 음력 8월 26일에 태어났다. 김학관에게 출가하였다. 1965년 8월생이다. 아들은 김보성(2001년 12월생)이며 서울에 거주한다.

25-1-1-1-2-1-1 동원

계축년 1973년 5월20일(음력 4월18일) 경상남도 고성군 구만면 광덕리 27번지에서 태어났다. 국민대학교 법학과 학사이다. 부인은 태안이씨 이경화이다. 계축년 1973년 4월 10일(음력 3월 8일) 서울에서 태어났다. 큰아들은 김정환이다. 무자년 2008년 4월 1일(음력 2월 25일) 서울에서 태어났다. 작은아들은 김주환이다. 기축년 2009년 12월 12일(음력 10월 26일) 서울에서 태어났다.

25-1-1-1-2-1-딸 정헌

을묘년 1975년 12월 23일(음력 11월 21일) 경상남도 고성군 구만면 광덕리 27번지에서 태어났다. 외국어대 중국어과 학사이다. 경주이씨 이상길에게 출가하였다. 아들은 이찬희이다. 갑신년 2004년 4월 10일(윤 2월 21일) 서울에서 태어났다.

25-1-1-1-3-1-1 영근(暎瑾)

갑인년 1974년 양력 9월 5일(음력 7월 19일) 서울특별시 서대문구 서소문동 47 고려병원에서 태어났다. 배우자는 전의이씨 이혜영(李惠英)이며 갑인년 1974년 양력 3월 15일(음력 2월 22일)생이고 서울시 종로구 충신동 1-58에서 태어났다. 아버지 이준세(李俊世)는 경기도 용인시 백암면 가창리 574 태생이다.

25-1-1-1-3-1-큰딸 현(炫)

원래 이름은 옥현이다. 경술년 1970년 양력 12월 25일(음력 11월 27일) 서울

특별시 마포구 아현동 633-57에서 태어났다. 배우자는 전주최씨 최전상(崔銓
上)으로 임인년 1962년 양력 3월 2일(음력 1월 26일)생이다. 아버지는 최정배
(崔丁培)로 전라북도 전주 태생이다. 아들 최준홍(崔俊洪)은 계유년 1993년 양
력 10월 5일 (음력 8월 20일)에 태어났다.

25-1-1-1-3-1-작은딸 영완(怜妧)

임자년 1972년 양력 9월 10일(음력 8월 3일) 서울특별시 마포구 아현동 383
에서 태어났다. 배우자는 창영조씨 조재준(曺在俊)으로 신해년 1971년 양력 7
월 3일(음력 5월 3일)에 태어났다. 아버지는 조선환(曺仙煥)으로 경상남도 창녕
군 태생이다. 현재 서울특별시 송파구 잠실동 15에 거주하고 있다. 딸은 조영
은(曺英恩)으로 경진년 2000년 12월 17일(음력 11월 22일)생이고 아들은 조민
혁(曺旼奕)으로 갑신년 양력 2004년 11월 4일(음력 9월 22일)에 태어났다.

25-1-1-1-3-2-1 동준(東俊)

을축년 1985년 1월 23일(음력 1984년 12월 3일)에 서울시 마포구 아현동
633-57에서 태어났다. 2011년에 한경대학교 경영학과 졸업 후 어드벤텍케
이알 주식회사 과장으로 근무 중이다.

25-1-1-1-3-3-1 동욱

을묘년 1975년 10월 7일(음력 9월 3일) 서울시 마포구 아현동에서 출생하였다. 한양대 관광학 석사이다. 50여 개국 출장여행과 배낭여행 등을 하였고 여행사에서 해외관광상품 개발업무와 세계 각지의 현지소통업무를 하고 있다. 2009년 캐나다정부관광청 공인 스페셜리스트이다. 2010년도 캐나다관광청 장관 표창 외 다수의 표창을 받았고 저서는 동남아음식여행(2004년 김영사 발행)이 있다. 아들은 한준이고 2006년 2월 24일 서울에서 출생하였다. 부인은 전주이씨 이혜선이며 1976년 3월 13일(음력 2월 13일) 서울 태생이다. 부친은 이근재이고 서울 태생이다.

25-1-1-1-3-3-딸 동은

경신년 1980년 11월 11일(음력 10월 4일) 서울 마포구 아현동에서 출생하였다 숙명여대 교육학 석사이다 대구출생 경주김씨 김건호에게 출가하였다 부친은 김무권이고 대구 태생이다.

25-1-1-1-4-2-1 윤

1987년 1월(음력 12월)에 태어났다. 서울에 거주한다.

25-1-1-2-1-1-1 현석(玄石)

임자년 1972년 양력 12월 8일(음력 11월 3일)에 서울특별시 서대문구 남가좌동 260-13에서 태어났다.

25-1-1-2-1-1-딸 현지(玹志)

경술년 1970년 양력 2월 15일(음력 1월 10일) 서울특별시 서대문구 남가좌동 260-13에서 태어났다.

25-1-1-2-1-2-1 병철(秉喆)

병오년 1966년 양력 5월 26일(음력 4월 7일)에 태어났다. 2002년 8월 서울연세 대학교에서 공학박사 학위를 받았다. 2017년부터 현재까지 Crucial Machines (반도체 제조) 아산연구소에 근무 중이다.

25-1-1-2-1-2-큰딸 민혜(民惠)

갑진년 1964년 양력 2월 19일(음력 1월 7일)생으로 배우자는 밀양박씨 박용 진이다. 경자년 1960년 양력 3월 23일(음력 2월 26일)생이며 1998년 가톨릭 의 과대학교에서 의학박사 학위를 취득 하였다. 수원가톨릭 빈센트병원 이비인 후과 과장으로 근무 중이다.

25-1-1-2-1-2-둘째딸 민경(民敬)

을유년 1969년 양력 8월 24일(음력 7월 12일)생이고 2001년 서울대학교에서 해부병리학과 의학박사학위를 취득하였다. 배우자는 김해김씨 김영식 병오

1966년 5월 19일(음력 3월 29일)생이며 2005년 연세대학교에서 의학박사 학위를 취득하여 의료보험공단병원 비뇨기과 과장으로 근무 중이다.

25-1-1-2-1-3-1 동석(東石)

을묘년 1975년 양력 10월 1일(음력 8월 26일)에 서울특별시에서 태어났다. 배우자는 전주이씨 이지연(李枝娟)으로 갑인년 1974년 양력 10월 1일(음력 2월 12일) 생이다. 딸 김혜리(金惠理)는 을유년 2005년 양력 10월 21일(음력 9월 19일)에 태어났다.

25-1-1-2-1-4-1 지훈(志訓)

정사년 1977년 양력 7월 23일(음력 6월 8일)에 서울특별시에서 태어났다. 2012년부터 ㈜와이제이 플러스 대표이사로 근무 중이다.

25-1-1-2-1-4-딸 지민(智民)

경신년 1980년 양력 10월 11일(음력 9월 3일) 서울에서 태어났다. 2019년 현재 한화그룹 과장으로 근무 중이다.

26-1-1-1-2-1-1-1 정환

26-1-1-1-2-1-1-2 주환

26-1-1-1-3-1-1-딸 민서(旼紋)

계미년 2003년 양력 1월 8일(음력 12월 6일)에 경기도 부천시 원미구 중동 1151-6에서 태어났다.

26-1-1-1-3-3-1-1 한준

병술년 2006년 2월 24일(음력 1월 27일) 서울시 송파구 가락동 문산부인과에서 출생하였다.

2) 형진 계열(2소종중)

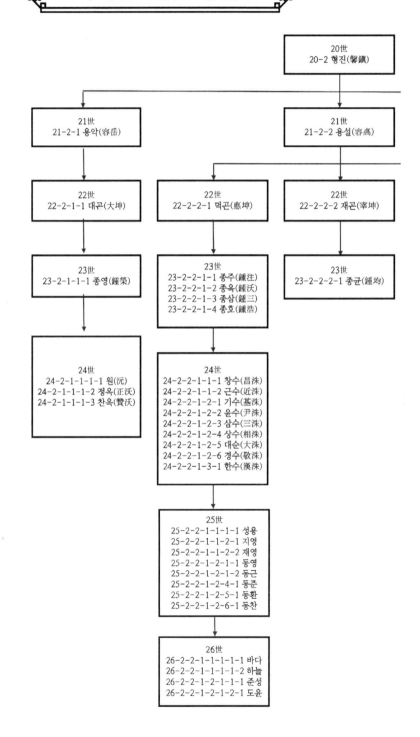

20世
20-2 형진(馨鎭)

21世
21-2-1 용악(容岳)

21世
21-2-2 용설(容卨)

22世
22-2-1-1 대곤(大坤)

22世
22-2-2-1 떡곤(悳坤)

22世
22-2-2-2 재곤(宰坤)

23世
23-2-1-1-1 종영(鍾榮)

23世
23-2-2-1-1 종주(鍾注)
23-2-2-1-2 종옥(鍾沃)
23-2-2-1-3 종삼(鍾三)
23-2-2-1-4 종호(鍾浩)

23世
23-2-2-2-1 종균(鍾均)

24世
24-2-1-1-1-1 원(沅)
24-2-1-1-1-2 정옥(正沃)
24-2-1-1-1-3 찬옥(贊沃)

24世
24-2-2-1-1-1 창수(昌洙)
24-2-2-1-1-2 근수(近洙)
24-2-2-1-2-1 기수(基洙)
24-2-2-1-2-2 윤수(尹洙)
24-2-2-1-2-3 삼수(三洙)
24-2-2-1-2-4 상수(相洙)
24-2-2-1-2-5 대순(大洙)
24-2-2-1-2-6 경수(敬洙)
24-2-2-1-3-1 한수(漢洙)

25世
25-2-2-1-1-1-1 성용
25-2-2-1-1-2-1 지영
25-2-2-1-1-2-2 재영
25-2-2-1-2-1-1 동영
25-2-2-1-2-1-2 동근
25-2-2-1-2-4-1 동준
25-2-2-1-2-5-1 동환
25-2-2-1-2-6-1 동찬

26世
26-2-2-1-1-1-1 바다
26-2-2-1-1-1-2 하늘
26-2-2-1-2-1-1 준성
26-2-2-1-2-1-2 도윤

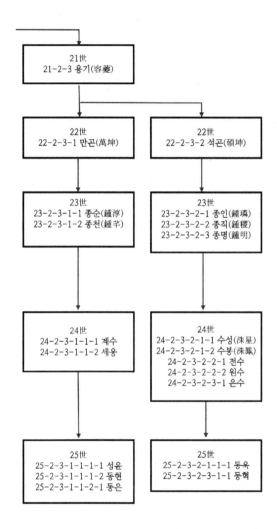

20-2 형진

자는 중현이고, 호는 덕계이다. 순조 기축년(1829) 정월 6일에 태어났다. 자태와 품성이 청아하고 풍모와 예의가 엄숙하고 장중했다. 비록 형제가 따로 살았으나 부모께 드리는 음식에 정성을 다하였다. 어머니가 늙어 물고기를 매우 좋아하니 연못을 만들어 고기를 길러서 아침저녁으로 드렸다. 어머니가 늙어 걸음이 불편하므로 몸소 업고서 가시고자 하는 곳을 묻고서 왕래하였다. 정해년(丁亥, 1827) 정월 19일에 세상을 떠났다. 묘소는 덕암의 안산 당산등의 묘좌이다. 부인은 함안이씨로 아버지는 이봉림이고, 할아버지는 이귀정이니, 행헌 이의형의 후손이다. 외할아버지는 진양 강순호이다. 정해년 정월 19일에 태어나서, 병오년(1906) 6월 7일에 세상을 떠났다. 묘소는 쌍분이다.

21-2-1 용악

다른 이름은 영악이고, 자는 태순이다. 철종 임자년(壬子, 1852) 5월 3일에 태어나서, 병술년(丙戌, 1886) 6월 5일에 세상을 떠나니 향년 35세였다. 묘소는 고성군 영오면 영이골 마을 위 오른쪽 골짝 간좌이다. 부인은 대구배씨로, 아버지는 배형규이고, 고부군 배인경의 후손이다. 계축년 정월 10일에 태어나서 신사년 12월 21일에 세상을 떠났다. 묘소는 덕암 산제단 해좌이다. 다음 부인은 의령옥씨로, 아버지는 옥계찬이고, 감사 옥지형의 후손이다. 신유년 10월 10일에 태어나서 임인년 10월 6일에 세상을 떠났다. 묘소는 덕암 제단 해좌이다.

21-2-2 용설

자는 도홍이다. 철종 계해년(癸亥, 1863) 10월 8일에 태어나서 경술년(庚戌, 1910) 9월 21일에 세상을 떠났다. 묘소는 회화면 녹명리 학소골 정상의 자좌이다. 부인은 전주최씨로, 아버지는 최필정이고, 의민공 최균의 후손이다. 경오년 5월 2일에 태어나서 계사년 3월 23일에 세상을 떠났다. 묘소는 녹명산 승전골 선친 묘소 아래 자좌이다.

21-2-3 용기

자는 내홍이고, 호는 송산이다. 고종 무진년(戊辰, 1868) 4월 8일에 태어나서, 정해년(丁亥, 1947) 8월 24일에 세상을 떠났다. 묘소는 백록산 아래 울대골 간좌이다. 부인은 전주최씨로, 아버지는 최용진이고, 의숙공 최강의 후손이다. 계유년 1873년 6월 9일에 태어나서 경술년 1946년 8월 23일에 세상을 떠났다. 묘소는 쌍분이다.

21-2-큰딸

이병욱에게 출가하였다. 아버지는 이제신이고, 운포 이달의 후손이다. 아들은 이맹규이다.

21-2-둘째딸

이종규에게 출가하였다. 함안인으로 아버지는 이병봉이고, 운포 이달의 후손이다. 양자는 이열수이다.

21-2-셋째딸

황준범에게 출가하였다. 회산인으로 아버지는 황용환이고, 공희공의 후손
이다. 아들은 황기인이다.

22-2-1-1 대곤

다른 이름은 대용이며, 자는 봉옥이다. 고종 임오년(壬午, 1882) 12월 30일
에 태어나서, 병술년(丙戌, 1946) 4월 23일에 세상을 떠났다. 묘소는 어머니 묘
소 아래 해좌이다. 부인은 초계변씨로, 아버지는 변관연이다. 정암공 변남용
의 후손이다. 정해년 9월 13일에 태어나서, 정미년 11월 7일에 세상을 떠났
다. 묘소는 덕암 산제등 임좌이다.

22-2-2-1 덕곤

다른 이름은 덕용이고, 자는 인직이다. 고종 신묘년(1981) 2월 12일에 태어
나서 정해년 3월 23일 세상을 떠났다. 부인은 고성 이씨로 갑오년 3월에 태어
났다. 도열의 딸이고, 종덕의 손녀이며, 기량의 증손녀로서 행촌 이암의 후손
이고 안동 권송무의 외손녀이다. 임자년 11월 초10일에 세상을 떠났다. 묘소
는 덕암 내평등에 있다. 다음 부인은 밀양박씨로 무술년 12월 초7일에 태어났
다. 이건의 딸이고, 종보의 손녀이며, 학권의 증손녀이고, 공조참의 효립의 후

예이며, 함안 조진규의 외손이다. 정해년 3월 15일에 세상을 떠났다. 묘소는 백록산 아래 선산에 있다. 아들을 넷 두었으며, 딸은 광산인 김용기에게 출가하였으니 아버지는 성수이고 할아버지는 영호이니 호조판서 두형의 후손이다. 아들은 김상준이다.

22-2-2-2 재곤

자는 달마이다. 고종 병신년(丙申, 1896) 3월 26일에 태어나서, 병오년(丙午, 1966) 7월 28일에 세상을 떠났다. 묘소는 덕암 백록산 아래이다. 부인은 경주 최씨로, 9월 4일에 태어나서 3월 26일에 세상을 떠났다. 덕암 백록산 아래 쌍분이다. 아버지는 최봉상이다. 문창후 최치원의 후손이다. 기사년 9월 4일에 태어났다. 아들이 한국전쟁에서 전사하여, 형의 둘째 아들 종옥이 제사를 지낸다.

22-2-2-3 봉곤

자는 평숙이다. 고종 병오년(丙午, 1906) 12월 3일에 태어나서, 임인년(壬寅, 1962) 8월 10일에 세상을 떠났다. 묘소는 00000이다. 부인은 광산김씨로, 2월 2일에 태어나, 을해년 12월 18일에 세상을 떠났다. 아버지는 김태호이다. 신유년 2월 22일에 태어났다.

22-2-2-딸

설성석에게 출가하였다. 창원인으로, 홍유후 설총의 후손이다. 아들은 설대원 설문성이다.

22-2-3-1 만곤

다른 이름은 만줄이고, 자는 영숙이다. 고종 경자년(更子, 1900) 4월 17일에 태어나서, 무술년(1958) 5월 4일에 세상을 떠났다. 묘소는 덕암 뒷산 정상의 임좌이다. 부인은 성산이씨로, 아버지는 학현이다. 해사 이일장의 후손이다. 임인년(1902) 11월 14일에 태어나서 을해년(1935) 3월 5일에 세상을 떠났다. 묘소는 쌍분이다. 다음 부인은 진양정씨로, 아버지는 신석이다. 신계공 정규의 후손이다. 을사년(1905) 7월 20일에 태어나서, 갑신년(1944) 3월 2일에 세상을 떠났다. 덕암 당산골 자좌이다.

22-2-3-2 석곤

다른 이름은 만석이고, 자는 성숙이다. 순종 경술년(庚戌, 1910) 11월 14일에 태어났다. 부인은 밀양박씨로, 아버지는 박재인이다. 이조정랑 박용의 후손이다. 을묘년 10월 20일에 태어났다.

22-2-3-큰딸

이완희에게 출가하였다. 함안인으로, 국헌공 이지형의 후손이다. 아들은 이효관 이효영이다.

22-2-3-둘째딸

최규봉에게 출가하였다. 전주인으로, 의숙공 최강의 후손이다. 아들은 최규호이다.

22-2-3-셋째딸

박두진에게 출가하였다. 밀양인으로, 이조정랑 박용의 후손이다. 아들은 박종율 박종도 박종일이다.

23-2-1-1-1 종영

다른 이름은 영수이고, 자는 택중이다. 무오년(戊午, 1918) 5월 30일에 태어나서 병오년 6월 9일에 세상을 떠났다. 묘소는 덕암 산보악 갑좌이다. 부인은 칠원제씨로, 아버지는 제인근이다. 판서 제홍록의 후손이다. 병인년 2월 15일에 태어났다.

23-2-1-1-큰딸

성제홍에게 출가하였다. 창년인으로 부사 성여신의 후손이다. 아들은 성청길이다.

23-2-1-1-둘째딸

남만수에게 출가하였다. 의령인으로 직부사 남군보의 후손이다. 아들은 남상인이다.

23-2-1-1-셋째딸

백용석에게 출가하였다. 수원인으로 만취당 백서상의 후손이다. 아들은 백운태 백훈재이다.

23-2-1-1-넷째딸

한만진에게 출가하였다. 청주인으로, 문정공 한계희의 후손이다. 아들은 한만규이다.

23-2-2-1-1 종주

자는 원중이다. 정사년(丁巳, 1917) 6월 19일에 태어나서, 임진년 7월 21일에 세상을 떠났다. 묘소는 덕암 당산 간좌이다. 부인은 진성이씨로, 1917년 8월 6일생이며, 1996년 11월 16일에 세상을 떠났다. 아버지는 이경석이다. 송당 이우의 후손이다.

23-2-2-1-2 종옥

자는 시중이다. 신유년(辛酉, 1921) 음력9월 8일에 태어나서, 갑오년(甲午, 2014)년 5월 8일에 세상을 떠났다. 묘소는 덕암 임좌이다. 부인은 조연주(함안 조씨)로, 아버지는 용문이다. 대소헌 조종도의 후손이다. 병인년 10월 26일에 태어나서, 1994년 7월 5일에 세상을 떠났다. 묘소는 덕암 큰산 임좌(백록산하)이다.

23-2-2-1-3 종삼

경오년(庚午, 1930) 7월 20일에 태어났다. 한국전쟁에 참전하여 2차례 무성화랑무공훈장을 수여받았으며, 주한 미8군부대에 근무하다가 1986년에 세상을 떠났다. 묘소는 서울 동작동 국립묘지에 있다. 자녀는 1남 4녀로 성혜, 영혜, 명혜, 혜진, 한수가 있다. 부인은 최경둘(전주최씨)로 1936년 11월 2일에 태어났고 아버지는 최문수로 의숙공 최강의 후손이다. 병자년 9월 3일에 태어났다.

23-2-2-1-4 종호

을해년(乙亥, 1935) 9월 3일에 태어나서, 00년에 세상을 떠났다. 부인은 전주이씨로, 아버지는 이병년이다. 신사년 2월 9일에 태어나서, 000년에 세상을 떠났다. 묘소는 경기도 벽제 공원묘원에 있다.

23-2-2-1-큰딸

김용기에게 출가하였다. 광산인이다. 아들은 김상준 김원중 김삼중이다.

23-2-2-1-둘째딸

이정권에게 출가하였다. 성산인이다. 아들은 이희만이다.

23-2-2-2-1 종균

한국전쟁에 참전하여 전사하였다.

23-2-2-2-큰딸

강순조에게 출가하였다. 진양인이다. 아들은 강용운 강용호 강용만이다.

23-2-2-2-둘째딸

최형락에게 출가하였다. 전주인이다. 아들은 최유림이다.

23-2-2-2-셋째딸

김형수에게 출가하였다. 경주인이다.

23-2-2-3-1 종해

경진년(庚辰, 1940) 3월 31일에 태어났다. 부인은 주경자(신안주씨)로, 1943년 3월 10일에 태어났다. 아버지는 주도복이다. 계미년 10월 11일에 태어났다.

23-2-2-3-2 종길

임오년(壬午, 1942) 7월 9일에 태어났다. 부인은 하영자 1944년 2월 15일생이다. 아버지는 하용섭이다.

23-2-2-3-3 종오

정해년(丁亥, 1947) 11월 24일에 태어났다.

23-2-2-3-4 종덕

1951년 12월 25일에 태어났다. 부인은 유화자 1951년 7월 22일에 태어났다. 아버지는 유석만이다.

23-2-2-3-5 종복

병신년(丙申, 1956) 5월 7일에 태어났다.

23-2-2-3-딸 순자

1959년 9월 10일에 태어났다. 이운길에게 출가하였다.

23-2-3-1-1 종순

자는 윤중이다. 을축년(乙丑, 1925) 3월 17일에 태어나서 기축년(2009) 2월 5일에 세상을 떠났다. 부인은 경주김씨로 아버지는 김동률이다. 경오년(1930) 9월 7일에 태어나서 신유년(1981) 3월 24일 세상을 떠났다. 다음 부인은 밀양변씨로 아버지는 변우지다. 병자년(1936) 10월 15일 태어나서 을미년(2015) 12우러 24일에 세상을 떠났다. 묘소는 부산광역시 기장군 진관읍 부산추모공원에 세 분 모두 봉안하였다.

23-2-3-1-2 종천

임오년(壬午, 1942) 정월 15일에 태어났다. 2013년 5월 15일에 세상을 떠났다. 散骨하였다. 부인은 진양정씨로, 아버지는 지동이다. 기축년(1949) 10월 24일에 태어났다.

23-2-3-2-1 종인

무인년(戊寅, 1938) 정월 29일에 태어나서, ○○에 세상을 떠났다. 부인은 진양정씨로, 아버지는 정맹실이다. 을해년 11월 18일에 태어났다. 묘소는 덕암에 있다.

23-2-3-2-2 종직

경인년(庚寅, 1950) 정월 15일에 태어났다. 부인은 밀양박씨 박관순이다. 아버지는 박맹철이다. 1954년 음력 8월 24일에 태어났다.

23-2-3-2-3 종명

계사년(癸巳, 1953) 4월 24일에 태어났다. 아내는 창원구씨 구점선이다. 1956년 음력 9월 21일에 태어났다. 아버지는 구재생인데, 2005년 7월 21일에 사망했다.

23-2-3-2-큰딸

강대웅에게 출가하였다. 진양인으로, 어사공 강사첨의 후손이다. 아들은 강효중 강해중 강성규이다.

23-2-3-2-둘째딸

박도원에게 출가하였다. 밀양인으로 아버지는 수복이다. 아들은 박상철이다.

23-2-3-2-셋째딸

한낙선에게 출가하였다. 청주인으로, 아버지는 한학찬이다. 아들은 한태열 한태홍이다.

23-2-3-2-넷째딸

김기섭에게 출가하였다. 김령인이다.

24-2-1-1-1-1 원

정해년(丁亥, 1947) 2월 19일에 태어났다.

24-2-1-1-1-2 정옥

정유년(丁酉, 1957) 7월 3일에 태어났다.

24-2-1-1-1-3 찬옥

기해년(己亥, 1959) 5월 27일에 태어났다.

24-2-1-1-1-큰딸

김공수에게 출가하였다.

24-2-1-1-1-작은딸

24-2-2-1-1-1 창수

경진년(庚辰 1940) 3월 1일 일본 오사카에서 태어났다. 1975년 창녕조씨 조중백의 장녀 조순옥(1948년 2월 8일생)과 혼인하였다. 서면 자동차 부속 공구상에서 일했고, 깨끼저고리 하는 부인의 재단일을 도왔다. 머리가 영리하고 손재주가 뛰어나 전자제품 수리를 잘했다. 2011년 6월 2일 별세하여 부산진교회 부활동산에 있다. 슬하에 성진, 성용, 미소 3남매를 두었다.

24-2-2-1-1-2 근수

기축년(己丑, 1949) 8월 26일에 태어났다. 부인은 김녕김씨 김순남으로, 1957년 2월 25일 생이다. 아버지는 김용득이다.

24-2-2-1-1-큰딸

이름은 희자이다. 1942년 11월 11일에 태어났다. 진원박씨 박현식에게 출
가하였다.

24-2-2-1-1-둘째딸

이름은 경선이다. 1945년 8월 12일에 태어났다. 나주임씨 임무수에게 출가
하였다. 아들은 임동영, 임종원, 임동석이다.

24-2-2-1-2-1 기수

을유년(乙酉, 1945) 10월 15일에 태어났다. 마산에 거주하다가 정년 이후에
덕암으로 귀가하였다. 2022년 7월 10일 세상을 떠났다. 묘소는 백록산 아래
선산에 있다. 부인은 김명순(김령김씨), 1951년 2월 2일에 태어났다. 친정은 회
화면이다.

24-2-2-1-2-2 윤수

경인년(庚寅, 1950) 5월 13일 축시에 태어났다. 2021년 9월 16일 세상을 떠
났다. 부인은 청송심씨 심예숙으로, 아버지는 심문규이다. 친정은 회화면 배
둔이다.

24-2-2-1-2-3 삼수

계사년(癸巳, 1953) 11월 5일 해시에 태어났다. 공예가로 상공부장관상 수상을 비롯하여 경상남도지사상 등을 여러 차례 수상하였으며, 국전 심사위원을 역임하고, 미협 경남지회장을 역임하였다. 세상을 떠난 날은 음력 2022년 2월 16일이며 묘소는 진주나동공원묘지이다. 부인은 밀양박씨 박성자이다. 1955년 12월 24일에 태어났다. 아버지는 박한종이다.

24-2-2-1-2-4 상수

병신년(丙申, 1956) 6월 15일 해시에 태어났다. 부인은 평택임씨 임명순이다. 1956년 7월 17일에 태어났다. 아버지는 임영기이다.

24-2-2-1-2-5 대순

기해년(己亥, 1959) 4월 5일 해시에 태어났다. 교직에 종사하여 중등학교 교장으로 정년퇴임하였다. 부천에 거주한다. 부인은 칠원제씨 제송희로 1963년 1월 14일에 태어났다. 아버지는 제윤기이고 중등교사이다. 친정은 의령이다.

24-2-2-1-2-6 경수

자는 내직이고, 호는 생암 또는 호산진인이다. 철학박사이다. (사) 남명학연구원 사무국장 겸 상임연구위원, 남명선생탄신500주년기념사업회 사무국장(경상남도 서기관 대우), 국립경상대학교 및 국립진주교육대학교 겸임교수, 경북대학교 연구교수, 한국동양철학회 총무이사, 한국선비문화연구원 책임연구원을 역임하였다. 진주에 거주한다. 임인년(1962) 5월 28일에 태어났다. 부인

은 삭녕최씨 최은강으로 중등교사이다. 아버지는 최인국이다. 친정은 하동 옥
종이다. 1962년 5월 25일에 태어났다.

24-2-2-1-2-딸

이름은 은숙이다. 1964년 10월 9일에 태어났다. 남양홍씨 홍순화에게 출가
하였다. 대구에 거주한다. 아들은 홍준호이다. 1991년 9월 23일에 태어났다.

24-2-2-1-3-1 한수

경술년(庚戌, 1970) 4월 26일에 태어났으며 서울에 거주하고 있다. 식품수출
기업인 삼진글로벌넷에 재직 중이다. 부인은 서은영으로 1979년 2월 15일에
태어났다. 자녀는 2녀로 예은, 예주가 있다.

24-2-2-1-3-큰딸 성혜

경자년(1960) 1월 19일에 태어났으며 서울에 거주하고 있다. 피아노학원을
운영한다. 남편은 최수웅으로 1954년 7월 15일에 태어났다. 자녀는 1남 1녀
가 있다.

24-2-2-1-3-둘째딸 영혜

임인년(1962) 6월 22일에 태어났으며 서울에 거주한다. 청와대 대통령비서
실과 관악구청에서 근무하다가 정년퇴임 하였다. 남편은 권혁찬으로 1960년

5월 15일에 태어났다. 자녀는 2남이 있다.

24-2-2-1-3-셋째딸 명혜

갑진년(1964) 12월 6일에 태어났으며 서울에 거주하고 있다. 공인중개사로 부동산업에 종사하고 있다. 남편은 김유군으로 1966년 12월 8일에 태어났다. 자녀는 1남 1녀가 있다.

24-2-2-1-3-넷째딸 혜건

정미년(1967) 11월 18일에 태어났으며 일산에 거주하고 있다. 청와대 대통령비서실에서 근무하였으며, 현재는 아리랑TV에 재직 중이다. 남편은 홍성호로 1964년 4월 27일에 태어났다. 자녀는 1남 1녀가 있다.

24-2-2-3-1-1 인규

1969년 1월 27일에 태어났다. 부인은 팝티례이고, 1986년생이다.

24-2-2-3-1-2 인태

1973년 3월 27일에 태어났다. 부인은 김선경 1975년 3월 3일생이다. 아버지는 김이용이다.

24-2-2-3-1-딸 인선

1966년 4월 23일에 태어났다. 김효진에게 출가했다.

24-2-2-3-2-1 인수

1974년 2월 3일에 태어났다. 부인은 송혜련이다.

24-2-2-3-2-딸 은정

1970년 2월 24일에 태어났다. 송말용에게 출가하였다.

24-2-2-3-2-딸 지언

1976년 4월 7일에 태어났다.

24-2-2-3-3-1 인철

24-2-2-3-3-2 인옥

24-2-2-3-3-3 인혁

부인은 이혜란이다.

24-2-2-3-4-1 인호

1975년 7월 20일에 태어났다.

24-2-2-3-4-딸 명옥

1978년 7월 12일에 태어났다.

24-2-3-1-1-1 계수

정해년(丁亥, 1947) 8월 12일에 태어났다. 부산에 거주한다. 아내는 능성구씨로 1950년 5월 11일에 태어났다. 초등학교 교장을 역임하였다. 아버지는 구반석이다.

24-2-3-1-1-2 세웅

경인년(庚寅, 1950) 음력 12월 21일에 태어났다. 부산에 거주한다.

24-2-3-1-2-딸 인숙

1974년 음력 8월 28일에 태어났다. 부산에 거주한다. 딸은 김미나 김오지이다.

24-2-3-1-2-딸 영숙

1977년 음력 8월 6일에 태어났다. 부산에 거주한다. 하동인 권오병에게 출가하였다. 1967년 음력 8월 9일에 태어났다. 딸은 권예하이다.

―――――――――――

24-2-3-2-1-1 수성

병오년(丙午, 1966) 음력 6월 26일에 태어났다. 부산에 거주한다. 부인은 경주김씨로 1966년 음력 6월 26일에 태어났다. 아버지는 김종인이고, 친정은 부산이다.

24-2-3-2-1-2 수봉

다른 이름은 태성이다. 기유년(己酉, 1969) 음력 6월 26일에 태어났다. 덕암 본동에 거주한다. 부인은 밀양박씨로 친정은 부산이다. 1975년 음력 4월 3일에 태어났다.

24-2-3-2-1-큰딸 춘화

1959년 음력 5월 10일에 태어났다. 현승우에게 출가하였다. 1960년 2월 18일에 태어났다. 아들은 현상훈이다. 1986년 8월 12일에 태어났다.

24-2-3-2-1-둘째딸 순화

1961년 음력 8월 6일에 태어났다. 밀양박씨 박성웅에게 출가하였다. 1957년 음력 5월 13일에 태어났다. 서울에 거주한다. 딸은 박연지이다. 1993년 음력 12월 26일에 태어났다.

24-2-3-2-1-셋째딸 경화

1965년 음력 4월 1일에 태어났다. 진양강씨 강진기에게 출가하였다. 1964년 음력 9월 1일에 태어났다. 경찰공무원으로 경감이며 마산에 거주한다. 딸은 강연경이다. 1991년 음력 12월 23일에 태어났다. 아들은 강성훈이다 1996년 음력 8월 13일에 태어났다.

24-2-3-2-1-넷째딸 정화

1974년 1월 5일에 태어났다. 아들은 황가온이다. 2011년 4월 15일에 태어났다.

24-2-3-2-2-1 전수

1977년 음력 6월 12일에 태어났다. 2002년 음력 5월 11일에 사망했다.

24-2-3-2-2-2 원수

1979년 음력 2월 28일에 태어났다. 부인은 안동김씨 김성혜이다. 아버지는 김옥진이다.

24-2-3-2-3-1 은수

1980년 11월 20일에 부산에서 태어났다. 아내는 광주안씨 안소연이다. 1985년 6월 7일에 태어났다. 아버지는 안재원이다. 1959년 음력 3월 3일에 태어났다.

24-2-3-2-3-딸 은화

1979년 2월 19일에 태어났다. 경주이씨 이철호에게 출가하였다. 1973년 음력 1월 1일에 태어났다. 아버지는 이진숙이다, 밀양 단장면에 거주한다. 아들은 이무성이다. 2004년 5월 14일에 부산에서 태어났다. 딸은 이정원이다. 2006년 3월 7일에 태어났다.

25-2-2-1-1-1-1 성용(成勇)

무오년(1978년) 12월 8일 부산에서 태어났다. 부인은 거창유씨 유지혜다. 을축년에 태어났다. 아버지는 유상우이다. 2004년 동아대학교 건축공학과를 졸업하고 2010년 독일아헨공대에서 디플롬 학위를 수여하였다. 독일 브라운슈바익 공대 연구원으로 근무하였으며 현재 독일에서 구조엔지니어로 재직 중이다. 유튜브에서 구조엔지니어 김성용이란 이름으로 한국어, 독일어로 강의를 하며 재능기부도 하고 있다. 슬하에 딸 시연(2012년 4월 19일생), 딸 수아

(2015년 6월 18일생), 아들 바다(2018년 7월 10일생), 아들 하늘(2022년 7월 10일생)
두고 있다.

25-2-2-1-1-1-딸 성진(成珍)

병진년(1976) 9월 23일 부산에서 데어났다. 남편은 나주정씨 정재욱이다.
계모년에 태어났다. 아버지는 정성근이다. 국민대학교 의상디자인과를 졸업
하고 동아대학교 교육대학원에서 디자인교육 학위를 수여하였다. 의류회사
대현, 신성통상에서 패션디자이너로 근무하였으며 현재 부산에서 고등학교
교사로 재직 중이다. 슬하에 딸 서현(2009년 9월 10일생)을 두고 있다.

25-2-2-1-1-1-작은딸 미소

계해년(1983년) 7월 2일 부산에서 태어났다. 부산외국어대학교에서 일본어
와 역사관광학을 전공하였다. 한일여객선 뉴카멜리아호 승무원과 SK텔레콤
지점 상담매니저로 근무하였다. 2016년 공인중개사 자격을 취득하였고, 롯데
자산개발 주거사업운영팀에서 근무하였다. 부산에서 중개업을 하고 있다. 미
혼이다.

25-2-2-1-1-1-1 바다

2018년 7월 10일에 태어났다.

25-2-2-1-1-1-2 하늘

2022년 7월 10일에 태어났다.

25-2-2-1-1-1-큰딸 시연

2012년 4월 19일에 태어났다.

25-2-2-1-1-1-작은딸 수아

2015년 6월 18일에 태어났다.

25-2-2-1-1-2-1 지영(志映)

1979년 12월 22일에 태어났다. 부인은 김복희로 1978년생이다.

25-2-2-1-1-2-2 재영(宰映)

1982년 4월 17일에 태어났다.

25-2-2-1-2-1-1 동영

1973년 12월 24일 진시에 태어났다. 부인은 파평윤씨 윤조일의 딸 희정으로 음력 1973년 11월 16일이다.

25-2-2-1-2-1-2 동근

1976년 10월 10일 자시에 태어났다. 부인은 함안조씨 조춘보의 딸 은경으로 양력 1976년 8월 11일이다.

25-2-2-1-2-2-큰딸 민정

1980년 8월 13일에 태어났다. 남원양씨 양상길에게 출가하였다. 아들은 양준우로 2014년 11월 25일 태어났고, 딸은 양희령으로 2013년 2월 4일 태어났다.

25-2-2-1-2-2-작은딸 혜영

1982년 12월 10일에 태어났다.

25-2-2-1-2-3-큰딸 하영

1982년 2월 18일에 태어났다. 청주한씨 한만재에게 출가하였다. 큰아들은 원준이고 2014년 3월 10일 태어났으며, 둘째아들은 장윤이고 2017년 4월 24일 태어났다.

25-2-2-1-2-3-작은딸 진아

1983년 7월 3일에 태어났다. 파평윤씨 윤현수에게 출가하였다. 아들은 하준으로 양력 2011년 6월 13일에 태어났고, 딸은 채송으로 양력 2009년 9월 5일에 태어났다.

25-2-2-1-2-4-1 동준

1991년 6월 26일에 태어났다.

25-2-2-1-2-4-딸 연지

1988년 2월 7일에 태어났다. 전주김씨 김영철의 아들 기덕에게 출가하였다 1984년 3월 21일에 태어났다.

25-2-2-1-2-5-1 동환

1985년 음력 12월 15일에 태어났다. 부인은 문화류씨 류한주의 딸 지인으로 1989년 양력 5월 23일에 태어났다.

25-2-2-1-2-5-딸 보성

1988년 5월 25일에 태어났다.

25-2-2-1-2-6-1 동찬

1996년 9월 8일에 태어났다.

25-2-2-1-2-6-딸 서현

1998년 12월 5일에 태어났다.

25-2-2-3-1-1-1 겨율

2019년생이다.

25-2-2-3-1-1-1-딸 가을

2016년생이다.

25-2-3-1-1-1-1 성윤

1977년 10월 19일에 태어났다. 1997년 4월 25일에 세상을 떠났다. 대전 국립 현충원에 안장되었다.

25-2-2-3-3-3-1 시현

25-2-2-3-3-3-2 재현

25-2-2-3-3-3-딸 정원

25-2-2-3-4-1-1 동인

25-2-3-1-1-1-2 동현

　1980년 4월 7일에 태어났다. 부산에 거주한다. 아내는 월성이씨로 1979년 7월 10일에 태어났다. 아버지는 이수웅으로 밀양인이다.

25-2-3-1-1-2-1 동은

　1979년 2월 20일에 태어났다. 부산에 거주한다.

25-2-3-1-1-2-딸 다정

　1981년 4월 18일에 태어났다. 부산에 거주한다.

25-2-3-2-2-2-딸 도희(度希)

2009년 7월 14일(음 5월 22일)에 태어났다.

25-2-3-2-2-2-둘째딸 도경(度炅)

2012년 음력 12월 22일(2013년 양력 2월 2일)에 태어났다.

25-2-3-2-1-1-1 동욱

2000년 음력 10월 6일에 태어났다.

25-2-3-2-1-1-딸 이주

1999년 음력 4월 11일에 태어났다.

25-2-3-2-1-2-딸 초희

2012년 음력 7월 28일에 태어났다.

25-2-3-2-3-1-1 동혁

2013년 6월 10일에 부산에서 태어났다.

25-2-3-2-3-1-딸 채린

2015년 2월 4일에 태어났다.

26-2-2-1-1-1-1-1 바다

2018년 7월 10일에 태어났다.

26-2-2-1-1-1-1-큰딸 시연

2012년 4월 19일에 태어났다.

26-2-2-1-1-1-1-둘째딸 수아

2015년 6월 18일에 태어났다.

26-2-2-1-2-1-1-1 준성

26-2-2-1-2-1-2-1 도윤

26-2-2-1-2-1-2-딸 나현

26-2-2-1-2-5-1 딸 아란

2021년 4월 29일에 태어났다.

26-2-3-1-1-1-2-딸 수빈

2014년 7월 16일에 태어났다.

26-2-3-1-1-1-2-작은 딸 소현

2016년 11월 5일에 태어났다.

김해김씨 삼현파

덕암문중 파보

3) 기호 계열(3소종중)

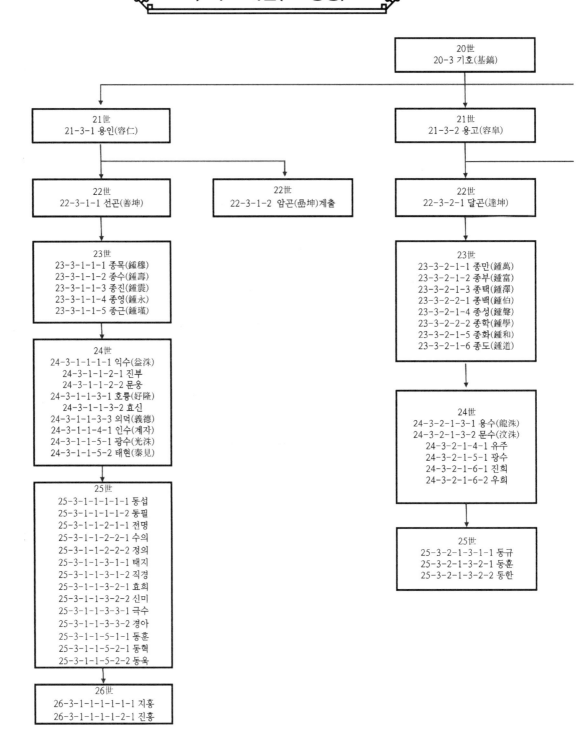

20世
20-3 기호(基鎬)

21世
21-3-1 용인(容仁)

21世
21-3-2 용고(容皋)

22世
22-3-1-1 선곤(善坤)

22世
22-3-1-2 암곤(嵒坤)계출

22世
22-3-2-1 달곤(達坤)

23世
23-3-1-1-1 종목(鍾穆)
23-3-1-1-2 종수(鍾壽)
23-3-1-1-3 종진(鍾震)
23-3-1-1-4 종영(鍾永)
23-3-1-1-5 종근(鍾瑾)

23世
23-3-2-1-1 종만(鍾萬)
23-3-2-1-2 종부(鍾富)
23-3-2-1-3 종택(鍾澤)
23-3-2-2-1 종백(鍾伯)
23-3-2-1-4 종성(鍾聲)
23-3-2-2-2 종학(鍾學)
23-3-2-1-5 종화(鍾和)
23-3-2-1-6 종도(鍾道)

24世
24-3-1-1-1-1 익수(益洙)
24-3-1-1-2-1 진부
24-3-1-1-2-2 문웅
24-3-1-1-3-1 호륭(好隆)
24-3-1-1-3-2 효신
24-3-1-1-3-3 의덕(義德)
24-3-1-1-4-1 인수(계자)
24-3-1-1-5-1 광수(光洙)
24-3-1-1-5-2 태현(泰見)

24世
24-3-2-1-3-1 용수(龍洙)
24-3-2-1-3-2 문수(汶洙)
24-3-2-1-4-1 유주
24-3-2-1-5-1 광수
24-3-2-1-6-1 진희
24-3-2-1-6-2 우희

25世
25-3-1-1-1-1-1 동섭
25-3-1-1-1-1-2 동필
25-3-1-1-2-1-1 전명
25-3-1-1-2-2-1 수의
25-3-1-1-2-2-2 정의
25-3-1-1-3-1-1 태지
25-3-1-1-3-1-2 직경
25-3-1-1-3-2-1 효희
25-3-1-1-3-2-2 신미
25-3-1-1-3-3-1 극수
25-3-1-1-3-3-2 경아
25-3-1-1-5-1-1 동훈
25-3-1-1-5-2-1 동혁
25-3-1-1-5-2-2 동욱

25世
25-3-2-1-3-1-1 동규
25-3-2-1-3-2-1 동훈
25-3-2-1-3-2-2 동한

26世
26-3-1-1-1-1-1-1 지홍
26-3-1-1-1-1-2-1 진홍

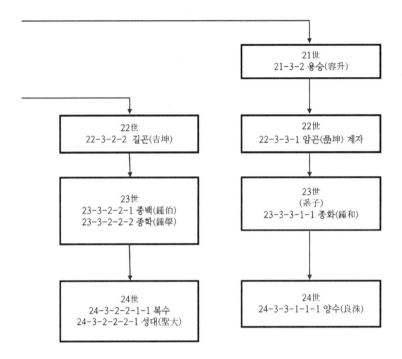

21世
21-3-2 용승(容升)

22世
22-3-2-2 길곤(吉坤)

22世
22-3-3-1 암곤(嵒坤) 계자

23世
23-3-2-2-1 종백(鍾伯)
23-3-2-2-2 종학(鍾學)

23世
(系子)
23-3-3-1-1 종화(鍾和)

24世
24-3-2-2-1-1 복수
24-3-2-2-2-1 성대(聖大)

24世
24-3-3-1-1-1 양수(良洙)

20-3 기호

자는 문현이고, 호는 덕곡이다. 순조 신묘년(1831) 정월 10일에 태어났다. 어려서 문장에 능하였고, 효도는 천성에 근본하여 상을 당하여 슬피 울고 고기를 먹지 않았다. 어머니를 모심에 추우면 따뜻하게 해드리고 더우면 부채질 하였다. 반찬을 올리니 어머니께서 이르시기를 "너의 형과 형수가 좋아하는 음식도 나와 같으니 다음에 형과 형수를 더욱 받들어라"고 하였다. 큰형과 함께 선비 농와 최응좌에게 서법을 배워 스스로 힘찬 체를 얻어 초서와 예서의 서첩을 남겼다. 계유 4월 18일에 세상을 떠났다. 묘소는 회화면 녹명리 산 70-2번지 해좌이다. 부인은 함안조씨로 아버지는 희팔이고, 할아버지는 화우이니, 대소헌 조종도의 후손이다. 계사년 3월 20일에 태어났다. 외할아버지는 진양 정국상이다. 임자년 10월 23일에 세상을 떠났다. 묘소는 구만면 광덕리 산 168번지 간좌이다.

21-3-1 용인

다른 이름은 창인이고, 자는 태규이다. 철종 을묘년(1855) 12월 3일에 태어났고, 임자년 3월 28일에 세상을 떠났다. 묘소는 구만면 광덕리 산136번지 해좌이다. 부인은 수원백씨로, 아버지는 백익수이다. 도승지 백인영의 후손이다. 임술년 8월 4일에 태어났고, 갑신년 3월 24일에 세상을 떠났다. 묘소는 구만면 광덕리 산 136번지 간좌이다.

21-3-2 용고

자는 태서이다. 철종 기미년(1859) 12월 22일에 태어났고, 을묘년 5월 29일에 세상을 떠났다. 향년 56세이다. 묘소는 덕암 죽산 가장 위쪽 해좌이다. 부인은 칠원제씨로, 아버지는 제동준이고, 충장공 제말의 후손이다. 기사년 5월 28일에 태어났고, 정해년 2월 5일에 세상을 떠났다. 묘소는 죽산 부와 쌍봉으로 되어있다.

21-3-3 용승

자는 여홍이다. 고종 신미(1871) 7월 28일에 태어났고, 계해년 9월 10일에 세상을 떠났다. 부인은 성산이씨로, 아버지는 한석이다. 정무공 이호성의 후손이다. 경진년 3월 3일에 태어났고, 무오년 10월 23일에 세상을 떠났다. 묘소는 덕암 죽산 해좌이다.

21-3-큰딸

홍재운에게 출가하였다. 남양인으로 아버지는 홍무섭이고, 현감 홍여해의 후손이다 아들은 홍종서 홍종군 홍종우 홍종구이다.

21-3-둘째딸

최태진에게 출가하였다. 전주인으로 아버지는 최필광이고, 의숙공 최강의 후손이다. 아들은 최규복이다.

21-3-셋째딸

이홍렬에게 출가하였다. 고성인으로 행촌 이암의 후손이다. 아들은 이재숙 이재만이다.

22-3-1-1 선곤

자는 경숙이다. 고종 갑오년(1894) 10월 7일에 태어나서, 병자년 11월 5일에 세상을 떠났다. 향년 43세이다. 묘소는 구만면 광덕리 산 159-1번지에 간좌이다. 부인은 창원정씨로, 아버지는 정주호이다. 문숙공 유헌 정황의 후손이다. 갑오년(1894) 1월 25일에 태어나서 기축년 10월 11일에 세상을 떠났다. 묘소는 내의문 쌍봉이다.

22-3-1-2 암곤

21세 용승의 아들로 출계했다.

22-3-1-큰딸

이기봉에게 출가하였다. 선주인으로, 해사 이일장의 후손이다. 아들은 이복순 이출순 이삼순이다.

22-3-1-둘째딸

정인규에게 출가하였다. 진양인으로, 농암 정기종의 후손이다. 아들은 정용

금이다.

22-3-1-셋째딸

남용환에게 출가하였다. 영양인이다. 아들은 남정웅 남정기이다.

22-3-2-1 달곤

자는 상숙이다. 고종 정유년(1897) 11월 10일에 태어나서, 갑오년(1954) 9월 27일에 세상을 떠났다. 향년 57세이다. 묘소는 덕암 암목골 자좌이다. 부인은 평택임씨로, 아버지는 위성이다. 무열공 임경업의 후손이다. 정미년 정월 17일에 태어났다.

22-3-2-2 길곤

자는 충숙이다. 고종 갑진년(1904) 11월 29일에 태어나서, 기유년(1969) 9월 27일에 세상을 떠났다. 향년 66세였다. 묘소는 구만면 광덕리 당 103번지에 간좌이다. 부인은 삭령최씨로, 아버지는 최덕민이다. 대사간 최복린의 후손이다. 경술년(1910) 4월 10일에 태어났다. 묘소는 납골당에 있다.

22-3-2-큰딸

도계환에게 출가하였다. 성주인으로, 운제공 도균의 후손이다. 아들은 도석기 도석규이다.

22-3-2-둘째딸

이경규에게 출가하였다. 함안인으로, 운포공 이달의 후손이다. 아들은 이진문 이진백이다.

22-3-3-1 암곤

처음 이름은 소암이고, 자는 대숙이다. 고종 정유(1897)년 3월 22일에 태어나서, 경술년 10월 19일에 세상을 떠났다. 묘소는 구만면 광덕리 산 136번지 해좌이다. 부인은 창원정씨로 아버지는 정채홍이다. 충의공 정성업의 후손이다. 을사년 10월 14일에 태어났다.

22-3-3-딸

배우석에게 출가하였다. 분성인으로, 무열공의 후손이다. 아들은 배판도 배수도이다.

23-3-1-1-1 종목

자는 양중이다. 병진년(1916) 5월 29일에 태어나서, 경자년(1960) 2월 5일에 세상을 떠났다. 향년 41세이다. 묘소는 구만면 광덕리 124-1번지 자좌 부인은 함안이씨로, 아버지는 성규이다. 행헌 이의형의 후손이다. 무오년 5월 10

일에 태어나서, 1991년 8월 27일 세상을 떠났다. 향년 43세이다. 묘소는 구만면 광덕리 산 136번지 해좌이다.

23-3-1-1-2 종수

자는 상중이다. 기미년(1919) 10월 17일에 태어났다. 부인은 전주이씨로, 아버지는 이윤조이다. 양녕대군 이제의 후손이다. 기축년 9월 21일에 태어나서, 묘소는 내외분 일본에 있다.

23-3-1-1-3 종진

자는 명중이다. 임술년(1922) 12월 7일에 태어났다. 부인은 월성이씨이다. 계해년에 태어났다. 묘소는 일본에 있다.

23-3-1-1-4 종영

기사년(1929) 12월 27일에 태어나서, 경인년 9월 9일에 세상을 떠났다. 부인은 밀양박씨이다.

23-3-1-1-5 종근

을해년(1935) 3월 3일에 태어났다. 부인은 인동장씨로, 아버지는 경조이다. 경진년 11월 22일에 태어났다. 묘소는 산청 국군 공원 묘지에 있다. 아들 광수, 태현, 딸 혜숙 혜영이다.

23-3-1-1-딸

배상조에게 출가하였다. 달성인으로 고부 배인경의 후손이다. 아들은 배성렬 배세열이다.

23-3-2-1-1 종만

자는 현중이다. 정묘년(1927) 6월 20일에 태어났다. 부인은 밀양박씨로, 아버지는 박주익이다. 정국군 박위의 후손이다. 신미년 12월 16일에 태어났다. 딸 영수, 영숙, 경자이다.

23-3-2-1-2 종부

자는 건중이다. 경오년(1930) 11월 14일에 태어났다.

23-3-2-1-3 종택

자는 달중이다. 계유년(1933) 12월 28일에 태어났다. 부인은 경주최씨로, 아버지는 최병덕이다. 병자년 3월 27일에 태어났다.

23-3-2-1-4 종성

자는 원중이다. 병자년(1936) 7월 30일에 태어났다. 부인은 어령서씨로 아버지는 두원이다. 1941년 6월2일에 태어났다.

23-3-2-1-5 종화

무인년(1938) 9월 5일에 태어났다. 부인은 밀양박씨 아버지는 영노이다. 1942년 4월 17일 태어났다.

23-3-2-1-6 종도

을유년(1945) 6월 3일 태어났고, 부인은 풍천임씨이며 아버지는 동원이다.

23-3-2-1-큰딸

유병진에게 출가하였다. 기계인이다.

23-3-2-1-둘째딸

박창계에게 출가하였다. 밀양인이다. 아들은 박정환 박봉환 박성환 박권환 박오환이다.

23-3-2-2-1 종백

갑술년(1934) 6월 4일에 태어났다. 부인은 밀양박씨로, 아버지는 박공진이다. 신사년 5월 23일에 태어났다.

23-3-2-2-2 종학

무인년(1938) 7월 25일에 태어났다. 부인은 청도김씨로, 아버지는 김육술이다. 경인년 정월 12일에 태어났다.

23-3-2-2-딸

이쌍출에게 출가하였다. 경주인이다. 아들은 이상립이다.

23-3-3-1-1 종화

자는 국중이다. 임신년(1932) 5월 24일에 태어나서, 0000년 세상을 떠났다. 묘소는 납골당에 안치했다. 부인은 전주이씨로, 아버지는 이기보이다. 정축년 2월 23일에 태어났다.

24-3-1-1-1-1 익수

기묘년(1939) 11월 8일에 태어났다. 고성군의회 초대·2대 의원을 역임했다. 부인은 달성배씨로, 아버지는 배순도이다. 고부군 배인경의 후손이다. 신사년 5월 28일에 태어나서, 서기 1994년 2월 20일에 세상을 떠났다. 묘소는 구만 면 광덕리 산 136번 해좌이다. 다음 부인은 전주이씨로 아버지는 이금율이다. 1946년 7월 3일에 태어났다.

24-3-1-1-1-2 인수(계출)

종영에게로 계출하였다.

24-3-1-1-1-딸

남수명에게 출가하였다. 의령인이다. 아들은 남찬렬 남진렬이다.

24-3-1-1-2-1 진부

을유년(1945) 5월 10일에 태어났다. 부인은 경주이씨 아버지는 점동이다. 1948년 무자년 6월 3일에 태어났다. 현재 일본에 살고 있다.

24-3-1-1-2-2 문웅

1947년 정해년 11월 3일에 태어났다. 부인은 해주오씨 아버지는 정환이다,

24-3-1-1-2-딸 영자

1941년 신사년 10월 4일 태어났다. 파평인 윤보은에 출가했다.

24-3-1-1-2-둘째딸 경자

1944년 갑신년 10월 20일 태어났다. 안동인 권수익에 출가했다.

24-3-1-1-2-셋째딸 대자

1950년 경인년 6월 24일 태어났다.

24-3-1-1-3-1 호룡

정유년(1957) 2월 14일에 태어났다. 부모는 성산 이씨 아버지는 경수이다.
1960년 경자년 9월 10일 태어났다.

24-3-1-1-3-2 효신

1960년 신축년 9월 7일 태어났다. 일본에 산다. 부인은 청주 구씨 아버지는
인회이다. 1965년 을사년 4월 20일 태어났다.

24-3-1-1-3-3 의덕

1963년 계묘년 10월 8일 태어났다. 부인은 광산김씨 아버지는 김영수이다.

24-3-1-1-3-딸 애자

24-3-1-1-3-딸 계자

24-3-1-1-3-딸 소자

24-3-1-1-3-딸 이자

24-3-1-1-3-딸 양자

24-3-1-1-3-딸 융자

24-3-1-1-4-1 인수

　계미년(1943) 11월 7일에 태어나서, 2014년 1월 3일에 세상을 떠났다. 묘소는 구만면 광덕리 답19번지 해좌이다. 부인은 함안이씨로, 아버지는 이진모이다. 무자년 6월 5일에 태어났다. 아들은 동규 1975년 을묘 7월 16일 태어났다. 현재 고등학교 선생이다. 부인은 경주최씨 1978년 3월 24일 태어났다. 손자는 유진 2014년 9월 26일에 태어났다.

24-3-1-1-5-1 광수

　신축년(1961) 10월 13일에 태어났다. 부인은 경주이씨로 아버지는 이용구이다. 1964년 갑진년 12월 5일에 태어났다. 부산에 거주한다.

24-3-1-1-5-2 태현

병자년 10월 5일에 태어났다. 부산경찰청 관무경찰이다. 부인은 창녕조씨 아버지는 조영수이다 1968년 무신년 5월 19일이다.

24-3-1-1-5-큰딸 혜숙

황대혁에게 출가하였다. 아들은 황다빈 황지원이다.

24-3-1-1-5-둘째딸 혜영

오종석에게 출가하였다. 자녀는 딸 오정은 오현주이다.

24-3-2-1-3-1 용수

1966년 병자년 9월 26일 태어났다. 부인은 평택임씨 1966년 병오년 1월 21일 태어났다.

24-3-2-1-3-2 문수

1967년 丁未년 11월 11일 태어났다. 부인은 김해김씨 1971년 신해 3월 3일 태어났다.

24-3-2-1-4-1 유주

1971년 신해년 8월 23일 태어났다.

24-3-2-1-4-딸 국혜

24-3-2-1-4-딸 지혜

24-3-2-1-4-딸 수혜

24-3-2-1-4-딸 금혜

24-3-2-1-5-1 광수

1967년 1월 29일 태어났다.

24-3-2-1-5-딸 주미

24-3-2-1-6-1 진희

1972년 11월 24일 태어났다.

24-3-2-1-6-2 우희

1977년 7월 16일 태어났다.

24-3-2-1-6-딸 아희

24-3-2-2-1-1 복수

1977년(정사년) 4월 20일 태어났다.

24-3-2-2-1-딸 수연

24-3-2-2-1-둘째딸 숙경

24-3-2-2-1-셋째딸 수아

24-3-2-2-2-1 성대

무신년(1968) 12월 6일에 태어났다.

24-3-3-1-1-1 양수

임인년(1962) 12월 5일에 태어났다.

24-3-3-1-1-딸

25-3-1-1-1-1-1 동섭

서기 1967년 丁未년 4월 11일에 태어났다. 부인은 조미향이다. 아버지는 조용섭이다. 다음 부인은 에이프린(화노에이프릴러브에스)인데, 고향은 필리핀이다.

25-3-1-1-1-1-2 동필

서기1973년 癸丑년 1월 11일에 태어났다. 부인은 차선숙이다. 아버지는 연안차길천이다. 부산에 거주하며 부산경찰청 공무원이다.

25-3-1-1-1-1-딸 애연

서기 1965년 을사년 9월 29일 태어났다. 경남도청 사무관이다. 사위는 전주인 김정훈이며 경찰대학출신이며 경남경찰청 관무직으로 근무중이다. 애연의 아들은 김용호이고 1996년 5월 6일에 태어났다. 딸 김채영 1993년 6월 21일 한국토지주택공사 과장이다.

25-3-1-1-1-1-딸 혜정

1970년 경술년 5월 3일 태어났다. 포항에서 사업하고 있다. 남편은 전주인 최철웅이며 부산에서 사업가로서 번창하고 있다(㈜동신켐텍). 아들 최건호는 2003년 11월 22일, 최진호는 1999년 6월 1일에 태어났다.

25-3-1-1-2-1-1 전명

1978년 무오년 3월 21일에 태어났다.

25-3-1-1-2-1-딸 우미

1971년 신해년 6월 6일 태어났다.

25-3-1-1-2-1-둘째딸

이름은 영미이다. 1973년 계축년 6월 28일 태어났다.

25-3-1-1-2-2-1 수의

1971년(신해년) 9월 2일 태어났다.

25-3-1-1-2-2-2 정의

1974년 (갑인년) 2월 6일 태어났다.

25-3-1-1-3-1-1 태지

1986년 병인년 1월 21일 태어났다.

25-3-1-1-3-1-2 직경

1987년 정묘년 12월 21일 태어났다. 부인은 (치나쯔)千夏이다 딸은 실화로 2016년 12월 15일 태어났다.

25-3-1-1-3-1-딸 綾菜

1989년 기사년 4월 5일 태어났다.

25-3-1-1-3-2-1 효희

1992년 임신년 2월 26일 태어났다.

25-3-1-1-3-2-2 신미

1995년 을해년 4월 17일 태어났다.

25-3-2-1-3-2-큰딸 영혜

25-3-2-1-3-2-둘째딸 영미

25-3-2-1-3-2-셋째딸 영옥

25-3-2-1-3-2-넷째딸 영복

25-3-1-1-3-3-1 극수

1992년 임시년 1월 13일 태어났다.

25-3-1-1-3-3-2 경아

1995년 을해년 4월 23일 태어났다.

25-3-1-1-3-3-딸 애자

1947년 정해년 3월 4일 태어났다.

25-3-1-1-3-3-딸 계자

1949년 기축년 1월 4일 태어났다.

25-3-1-1-3-3-딸 소자

1950년 경인년 1월 16일 태어났다 사위 천청일이며 천몽확의 자부다.

25-3-1-1-3-3-딸 이자

1953년 계사년 3월 6일 태어났다. 사위 밀양인 박종문이며 박용건의 자부다.

25-3-1-1-3-3-딸 양자

1954년 갑오년 2월 17일 태어났다. 사위는 이몽섭이다.

25-3-1-1-3-3-딸 융자

1959년 기해년 7월 3일 태어났다. 사위는 밀양인 朴宏始이며 박원희의 자부다.

25-3-1-1-5-1-1 동훈

1988년 태어났다. 현재 부산경찰청 경찰공무원으로 근무중이다.

25-3-1-1-5-1-딸 은애

1991년 신미년 태어났다.

25-3-1-1-5-2-1 동혁

1994년 갑술년 10월 8일 태어났다.

25-3-1-1-5-2-2 동욱

1995년 을해년 10월 12일 태어났다.

25-3-2-1-3-1-1 동규

1975년(乙卯年) 7월 16일에 태어났다. 부인은 1978년 3월 24일 태어났다. 아들 유진은 2014년 9월 26일 태어났다.

25-3-2-1-3-1-딸 지민

25-3-2-1-3-1-둘째딸 동연

25-3-2-1-3-2-1 동훈

1996년(병자년) 3월 10일 태어났다.

25-3-2-1-3-2-2 동한

1997년(정축년) 9월 8일에 태어났다.

26-3-1-1-1-1-1-1 지홍

2013년 2월 11일 태어났다.

26-3-1-1-1-1-1-딸 소영

1994년 9월 18일 태어났다.

26-3-1-1-1-1-1-딸 지영

1997년 2월 24일 태어났다.

26-3-1-1-1-1-2-1 진홍

2005년 12월 27일 태어났다.

26-3-1-1-1-1-2-딸 송희

2004년 4월 7일에 태어났다.

26-3-2-1-3-1-1-1 유진

2014년 9월 26일 태어났다.

4) 상옥 계열(4소종중)

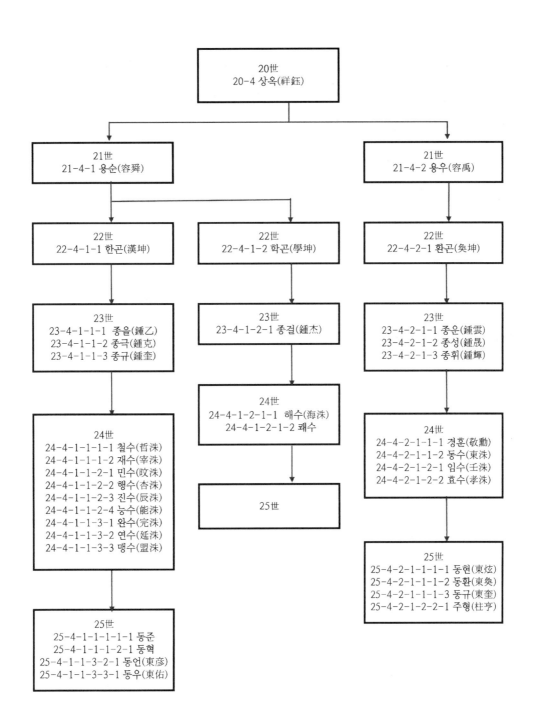

20世
20-4 상옥(祥鈺)

21世
21-4-1 용순(容舜)

21世
21-4-2 용우(容禹)

22世
22-4-1-1 한곤(漢坤)

22世
22-4-1-2 학곤(學坤)

22世
22-4-2-1 환곤(奐坤)

23世
23-4-1-1-1 종을(鍾乙)
23-4-1-1-2 종극(鍾克)
23-4-1-1-3 종규(鍾奎)

23世
23-4-1-2-1 종걸(鍾杰)

23世
23-4-2-1-1 종운(鍾雲)
23-4-2-1-2 종성(鍾晟)
23-4-2-1-3 종휘(鍾輝)

24世
24-4-1-1-1-1 철수(哲洙)
24-4-1-1-1-2 재수(宰洙)
24-4-1-1-2-1 민수(旼洙)
24-4-1-1-2-2 행수(杏洙)
24-4-1-1-2-3 진수(辰洙)
24-4-1-1-2-4 능수(能洙)
24-4-1-1-3-1 완수(完洙)
24-4-1-1-3-2 연수(延洙)
24-4-1-1-3-3 맹수(盟洙)

24世
24-4-1-2-1-1 해수(海洙)
24-4-1-2-1-2 쾌수

24世
24-4-2-1-1-1 경훈(敬勳)
24-4-2-1-1-2 동수(東洙)
24-4-2-1-2-1 임수(壬洙)
24-4-2-1-2-2 효수(孝洙)

25世

25世
25-4-1-1-1-1-1 동준
25-4-1-1-1-2-1 동혁
25-4-1-1-3-2-1 동언(東彦)
25-4-1-1-3-3-1 동우(東佑)

25世
25-4-2-1-1-1-1 동현(東炫)
25-4-2-1-1-1-2 동환(東奐)
25-4-2-1-1-1-3 동규(東奎)
25-4-2-1-2-2-1 주형(柱亨)

20-4 상옥

자는 화현이고, 덕송이다. 순조 갑오년(1834) 4월 2일에 태어났다. 지극한 효행이 있었으니, 어머니의 병에 종기를 입으로 빨아서 낫게 하였다. 항상 어린아이처럼 하고서 기쁘게 해드리고, 가려운 곳을 물어서 긁어 드리고 좋아하는 것을 물어서 올렸다. 매일 보고 들은 것을 말씀드리니 어머니께서 "네가 바로 나의 눈과 귀이다"라고 하였다. 병술 6월 2일에 세상을 떠났다. 묘소는 문산면 선친의 무덤 아래 진좌이다. 부인은 곡부공씨로 아버지는 공재대이고, 할아버지는 공일손이니, 효절공 공종주의 후손이다. 외할아버지는 전성순이다. 정유년 9월 9일에 태어나서 을해년 4월 24일에 세상을 떠났다. 묘소는 백록산 서쪽 언덕 갑좌이다. 다음 부인은 파평윤씨로 아버지는 윤기필이고, 할아버지는 윤계진이니, 병조참판 윤사복의 후손이다. 외할아버지는 밀양 박천민이다. 임자년 2월 3일에 태어나서 병술년 6월 4일에 세상을 떠났다. 묘소는 덕암 저평등 해좌이다.

21-4-1 용순

자는 태유이다. 고종 임술년(1862) 4월 6일에 태어났고, 갑신년 2월 10일에 세상을 떠났으니, 향년 83세이다. 묘소는 덕암 양조산 아래기슭 건좌이다. 부인은 단양우씨로 아버지는 우상해이다. 쾌주 역동 우탁의 후손이다. 경신년 6월 21일에 태어났고, 임자년 8월 19일에 세상을 떠났다. 묘소는 백록산 아래 평산등 가운데 자좌이다. 다음 부인은 해주정씨로 아버지는 천교이다. 농포

정문부의 후손이다. 무자년 4월 20일에 태어났고, 기축년 정월 14일에 세상을 떠났다. 묘소는 덕암 양조산 아래기슭 건좌이다.

21-4-2 용우(容禹)

자는 처홍이다. 고종 무인년(1878) 4월 14일에 태어났고, 을묘년 2월 5일에 세상을 떠났으니 향년 38세였다. 묘소는 덕암 죽전산 유좌이다. 부인은 청송 심씨로, 아버지는 심의현이다. 문충공 심충겸의 후손이다. 계미년 9월 23일에 태어났고, 정미년 10월 30일에 세상을 떠났다. 묘소는 덕암산 발악열등 해좌에서 이장하여 덕암 백록산 평산등하 갑좌 쌍분이다. 다음 부인은 재령이씨로, 아버지는 이수응이다. 모은 이오의 후손이다. 기축년 정월 14일에 태어났고, 경인년 정월 5일에 세상을 떠났다. 묘소는 백록산 평산등 갑좌 쌍분이다.

21-4-큰딸

이진백에게 출가하였다. 함안인으로 아버지는 이세규이고, 운포 이달의 후손이다. 아들은 이성수이다.

22-4-1-1 한곤(漢坤)

자는 명숙이다. 고종 임인년(1902) 3월 22일에 태어나서, 신축년(1961) 3월 13일에 세상을 떠났다. 향년 60세이다. 묘소는 양조산 아래 영남매골 유좌이다. 부인은 함안이씨로, 아버지는 이병도이다. 창강공 이미의 후손이다. 기해년 4월 4일에 태어나서, 기묘년 3월 8일에 세상을 떠났다. 묘소는 죽산의 임좌이다. 다음 부인은 성산이씨로 아버지는 이환규이다. 정무공 이호성의 후손이다. 갑인년 2월 10일에 태어났다.

22-4-1-2 학곤

자는 맹숙이다. 갑인년(1914) 10월 10일에 태어나서, 신묘년 6월4일에 세상을 떠났다. 묘소는 덕암 뒷산 축좌이다. 부인은 진양정씨로, 임진년(1912) 1월 27일에 세상을 떠났다. 묘는 골안 인좌(寅坐) 아버지는 정학율이다. 감포공 정확의 후손이다. 무오년 2월 17일에 태어났다.

22-4-1-큰딸

이오규에게 출가하였다. 함안인으로, 행헌공 이의형의 후손이다. 아들은 이진모이다.

22-4-1-둘째딸

최규사에게 출가하였다. 전주인으로, 의민공 최균의 후손이다. 아들은 최경호이다.

22-4-2-1 환곤(奐坤)

처음 이름은 환기이고, 자는 장숙이다. 계축년(1913) 정월 8일에 태어났고,

정축년(1997) 9월17일 세상을 떠났다. 묘소는 덕암 백록산 평산등하 갑좌, 쌍봉이다. 부인은 진양정씨로, 아버지는 정달진이다. 남포공藍圃公 廓의 후손이다. 경신년 2월 26일에 태어났고, 병자년(1996) 2월 28일 세상을 떠났다. 묘는 덕암 백록산 평산등하 갑좌, 쌍봉이다.

22-4-2-딸

박효진에게 출가하였다. 밀양인으로, 이조정랑 박용의 후손이다. 아들은 박규수 박돈수 박호수이다.

23-4-1-1-1 종을

자는 치중이다. 신유년(1921년) 정월 20일에 태어났다. 고성군 철성중고등학교 서무과장, 재건국민회의중앙회사무총장을 역임했다. 1983년 7월 6일(음력) 세상을 떠났다. 묘는 대산 안골이다. 부인은 은진송씨 경순으로 경오년(1930년) 7월 6일(음력)생이며, 2018년 9월 6일(음력) 세상을 떠났다. 부친은 송종갑으로 동춘당 송준길의 직계 후손이다.

23-4-1-1-2 종극

자는 은중이다. 병인년(1926) 5월 26일에 태어났다. 부인은 함안이씨로, 아버지는 이진오이다. 운포공 이달의 후손이다. 임신년 3월 29일에 태어났다.

23-4-1-1-3 종규(鐘奎)

계미년(1943) 정월 16일에 태어났다. 부인은 밀양박씨로, 아버지는 박돈주이다. 행산공의 후손이다. 정해년 2월 13일에 태어났다.

23-4-1-1-딸

강성환에게 출가하였다. 진양인이다. 아들은 강원기이다.

23-4-1-2-1 종걸

무인년(1938) 정월 22일에 태어나서, 을유년(2005) 6월 23일 세상을 떠났다. 묘는 골안. 甲坐 부인은 함안이씨로, 아버지는 이맹을이다. 운포공 이달의 후손이다. 갑신년 7월 27일에 태어났다.

23-4-1-2-큰딸

이상우에게 출가하였다. 함안인이다. 아들은 이만열 이명렬이다.

23-4-1-2-둘째딸

유동훈에게 출가하였다. 강릉인이다.

23-4-2-1-1 종운(鍾雲)

경진년(1940) 7월 16일에 태어나서, 덕암에 거주한다. 부인은 전주이씨로 아버지는 이태운이고, 친정은 회화면 어선이다. 을유년(1945) 12월 5일에 태어났다.

23-4-2-1-2 종성(鐘晟)

갑신년(1944) 5월 13일에 태어나서, 1991년 1월 22일 사망하였다. 부산에 거주하였다. 부인은 나주임씨로 아버지는 임쌍문이고, 친정은 진전면 시락리이다. 경인년(1950) 9월 30일에 태어났다.

23-4-2-1-3 종휘(鍾輝)

정해년(1947) 2월 24일에 태어났다. 아내는 밀양박씨 박영애이다. 아버지는 박승욱이다.

23-4-2-1-큰딸

이름은 종선이다. 무인년(1938) 3월 23일에 태어났다. 밀양인 박갑윤에게 출가하였다. 마산에 거주한다. 아들은 박병규 박병옥 박문호이다.

23-4-2-1-둘째딸

이름은 윤자이다. 기축년(1949) 8월 26일에 태어났다. 완산인 이정용에게 출가하였다. 창원에 거주한다. 아들은 이상엽, 이상훈, 이상진이다.

23-4-2-1-셋째딸

이름은 원자이다. 임진년(1953) 9월 10일에 태어났다. 강릉인 함용성에게 출가하였다. 서울에 거주한다. 딸은 함화진 함화정이다.

23-4-2-1-넷째딸

이름은 행자이다, 경자년(1960) 3월 3일에 태어났다. 다산인 신호용에게 출가하였다. 현재 부산에 거주한다. 아들은 신혁기. 딸은 신민경이다.

23-4-2-1-다섯째딸

이름은 맹선이다. 계묘년(1963) 12월 20일에 태어났다. 전주인 최연도에게 출가하였다. 현재 거제에 거주한다. 딸은 최지혜, 아들은 최지철이다.

24-4-1-1-1-1 철수

계사년(1953) 12월 22일(음력)에 덕암에서 태어났다. 천안에 거주하며 양계 사업을 한다. 부인은 의령남씨 인숙이다. 1955년 7월 6일(음력)생으로 부친은 남용우다. 모친은 밀양박씨 순임이다.

24-4-1-1-1-2 재수

호는 하정(霞汀). 기해년(1959) 음력 2월 22일에 덕암에서 태어났다. 시인(청구문학), 영화감독이다. 그가 제작·감독한 영화 〈청야〉는 [국가기록원 역사기

록관 영상기록물]로 지정되어 영구보존 되었다. 거창에 거주한다. 부인은 양천 허씨 영심으로 1958년 11월 25일(음력) 생으로 40여 년간 출판인으로 재직했다. ㈜문학과지성사 이사로 재직 시 출판공로상을 수상했다. 부친은 허원(許瑗)으로 호는 삼옥당(三玉堂)이고 단양인이다. 모친은 숙인 평해 황씨 계순이다. 영춘향교 전교, 어상천면장, 민의원을 역임했다. 유학자면서 한의(韓醫)다. 삼옥당은 부친과 조부와 함께 3대가 나라로부터 효자비와 효자각을 하사받아 단양군 어상천면에 3대 효자비를 모신 효자각 세 개가 충청북도 보호지정물로 관리되고 있다. 허준의 후손이다.

24-4-1-1-1-딸

24-4-1-1-2-1 민수

경인년(1950) 7월 1일에 태어났다.

24-4-1-1-2-2 행수

갑오년(1954) 9월 19일에 태어났다.

24-4-1-1-2-3 진수

기해년(1959) 8월 23일에 태어났다.

24-4-1-1-2-4 능수

임인년(1962) 2월 11일에 태어났다.

24-4-1-1-3-1 완수(完洙)

기유년(1969) 11월 29일(음 10월 19일)에 태어났다. 부인은 창원 황씨이다. 아버지는 황갑철이고 친정은 함안군 여항면 주둔리 113번지이다. 1971년 4월 1일(음 2월 9일)에 태어났다.

24-4-1-1-3-2 연수(延洙)

1972년 4월 29일(음 2월 15일)에 태어났다.

24-4-1-1-3-3 맹수(盟洙)

을묘년(1975) 2월 15일(음 1월 7일)에 태어났다. 부인은 성산이씨로 아버지는 이종식이고 친정은 고성읍 죽계리이다. 정사년(1977) 6월 5일(음 6월 23일)에 태어났다.

24-4-1-1-3-딸

경신년(1980) 1월 4일(음 11월 17일)태어났다.

24-4-1-2-1-1 해수

갑진년(1964) 12월 10일에 태어났다. 다른 이름은 은용이다. 부인은 영월엄씨로 아버지는 엄주정이고 1966년 6월 20일생이며 고성읍에서 태어났다. 부산에 거주한다.

24-4-1-2-1-2 쾌수

1976년 1월 31일에 태어났다. 부산에 거주한다.

24-4-1-2-1-딸 미연

1967년 8월 8일에 태어났다. 합천이씨 이정균에게 출가하였다. 1962년 2월 7일에 태어났다. 아들은 이대성, 딸은 이은주이다. 부산에 거주한다.

24-4-1-2-1-둘째딸 점화

1970년 12월 11에 태어났다. 함안이씨 이동현에게 출가하였다. 1967년 12월 22일에 태어났다. 아들은 이철민 딸은 이교은이다. 창원에 거주한다.

24-4-2-1-1-1 경훈(敬勳)

초명은 태수이다. 정미년(1967) 9월 26일에 태어났다. 부산에 거주한다. 부인은 개성고씨로, 아버지는 고일환이고, 친정은 부산이다. 계축년(1973) 2월 27일 태어났다. 이혼 후 재혼한 부인은 반남박씨로, 아버지는 박을양이고, 친정은 서울이다. 신해년(1971) 8월 15일에 태어났다.

24-4-2-1-1-2 동수(東洙)

신해년(1971) 12월 2일에 태어났다. 덕암에 거주한다

24-4-2-1-1-큰딸

이름은 도현이다. 기유년(1969) 11월 30일에 태어났다. 합천인 이영배에게 출가하였다. 김해(장유)에 거주한다. 딸은 이예원, 아들은 이준성이다.

24-4-2-1-1-둘째딸

이름은 정현이다. 갑인년(1974) 3월 20일에 태어났다. 인천인 이병로에게 출가하였다.

24-4-2-1-2-1 임수(壬洙)

임자년(1972) 3월 23일에 태어났다. 서울에 거주한다. 부인은 밀양박시로 아버지는 박종석이며, 친정은 서울이다. 을묘년(1975) 11월 21일에 태어났다.

24-4-2-1-2-2 효수(孝洙)

갑인년(1974) 7월 13일에 태어났다. 서울에 거주한다. 부인은 청주한씨로 아버지는 한창길이며 친정은 서울이다. 병인년(1986) 8월 13일에 태어났다.

24-4-2-1-3-큰딸 자양

1975년 5월 23일에 태어났다. 평산신씨 신현진에게 출가했다. 아버지는 신성목이다. 1944년 10월 28일에 태어나서 영덕군 남정면 회리 83번지에 살고 있다. 큰아들은 신이안이다. 2005년 12월 28일에 태어났다. 둘째 아들은 신루이이다. 2009년 12월 4일에 태어났다.

24-4-2-1-3-둘째딸 은영

1978년 2월 28일에 태어났다. 성산이씨 이진호에게 출가했다. 1977년 3월 10일에 태어났다. 아버지는 이광중이다. 1949년 4월 1일에 태어나서 부산에 살고 있다. 아들은 이경한이다. 2011년 12월 16일에 태어났다.

24-4-2-1-3-셋째딸 소영

1980년 4월 1일에 태어났다. 2016년 문화예술학 박사가 되었다.

24-4-1-1-1-첫째 딸

이름은 일수이다. 아명은 정애다. 1949년 11월 2일(음력) 대구에서 태어났으며, 서천인 남양홍씨 정표와 혼인하여 슬하에 딸 혜숙(1975년 7월 16일생)을 두었으며, 용인시에 거주한다. 혜숙은 춘천인 해평길씨 홍수(음력 1973년 12월 8일생)와 혼인하여 아들 상현을 두었다. 용인시청 6급 공무원으로 재직 중이다.

24-4-1-1-1-둘째 딸

이름은 영애이다. 1950년(무인년) 음력 2월 6일 덕암에서 태어났다. 곡성인 전주최씨 28대손 석규(음력 1943년 11월 6일생)와 혼인하여 슬하에 남매를 두었다. 부산에 거주한다. 딸은 최문진으로 1973년 7월 22일생으로 전남 광양에 살고 있다. 아들 최종원은 1977년 3월 2일생으로 공군대위로 전역하고, 개인 사업을 하며 부산에 살고 있다.

24-4-1-1-1-셋째 딸

이름은 선희다. 1955년 3월 4일(음력)생으로 부산인 광산노씨 윤규(음력 1952년 3월 9일)와 혼인했으며, 부산에 거주한다. 슬하에 아들 현수(1986년 1월 28일생)를 두었다. 중국 쓰촨성 청두 출신 한족 장로사와 혼인하여 슬하에 2녀가 있다. 중국 후베이성 우한에 법인을 둔 한국기업 오스템 주재원으로 재직 중이다. 부산에서 태어난 아정과 아린 두 딸을 두었다.

24-4-1-1-1-넷째 딸

이름은 현숙이다. 1957년(정유년) 9월 26일(양력) 덕암에서 태어났다. 천안인 천안전씨 유태(음력 1957년 1월 6일생)와 혼인하여 천안에 살고 있다. 슬하에 1남 2녀를 두었다. 큰딸 전은지는 1986년 5월 3일생으로 충북 괴산인 평산 신씨 현덕과 결혼하여 현재 1남을 두고, 직업군인(원사)으로 충남 계룡에 살고 있다. 둘째 딸 전효주는 1988년 2월 7일 생으로 특수학교 교사로 천안인 김해김씨 영환과 결혼하여 슬하에 1남 1녀를 두고 있다. 장남 전문기는 1990년 1월 25일생으로 천안에서 태어났으며 게임업체 넷마블에서 게임개발자로 재직 중이다. 미혼이다.

24-4-1-1-1-다섯째 딸

이름은 영희다. 1960년(경자년) 10월 6일생(음력)생이다. 전주최씨 두엽 (1963년 음력 10월 20일생)과 혼인하였다. 슬하에 딸 경민(1998년 1월 17일생)을 두었고, 부산에서 거주하고 있다.

24-4-1-1-1-여섯째 딸

이름은 미라다. 1962년(임인년) 음력 6월 3일생으로 덕암에서 태어났다. 경주김씨 광수(1958년 음력 10월 4일)와 혼인했으며 슬하에 딸 하운(1996년 9월 24일)이 있다. 현재 경기도 양주시에 살고 있다.

24-4-1-1-1-일곱째 딸

이름은 미자다. 1964년(갑진년) 5월 26일 덕암에서 태어났다. 현재까지 30년 이상을 초등학교 교사로 재직 중이며, 서울인 순흥안씨 희결(1961년 음력 12월 21일)과 혼인하였다. 삼성전자 연구개발팀장으로 퇴직 후, 두원공과대학 연구교수로 재직 중이다. 수원에 거주한다. 부친은 보건복지부 서기관으로 공직에서 퇴임했다. 슬하에 2남을 두었다. 큰아들 태균은 1992년 9월 3일생으로 정보통신업체인 네오위즈에 재직 중이며, 작은아들 호균은 1995년 2월 27일생으로 현재 중등학교 교사이다.

25-4-1-1-1-1-1 동준

1985년 9월 3일 천안에서 태어났다. 숭실대학교 경영학부 졸업 후, ㈜농심에 입사하였고, 퇴사 후 ㈜필립스코리아 한국법인 부장으로 재직 중이다. 부인은 박선희다. 1988년 3월 9일에 태어났다. 부친 박창현, 모친 김은미의 둘째 딸이다. 남양주에 거주한다.

25-4-1-1-1-2-1 동혁

1987년 5월 10일 서울에서 태어났다. 서울대학교 인문학부를 졸업하고 동아일보 공채 기자로 활동했다. 기자생활 5년 동안 관훈언론상(2017년 35회) 관훈언론상(2019년 37회) 한국기자협회대상(2020년) 이달의 기자상(2019년) 특종상(2019년) 등 다수의 수상을 했다. 현재는 핀테크 기업인 토스뱅크 홍보팀장으로 재직 중이다. 부인은 제주양씨 효정(1992년 1월 2일생)으로 "고양 시립 교향악단"에서 비올리스트로 활동 중이다. 부친은 전남 영암인 양호섭. 모친은 강진인 임경미다.

25-4-1-1-1-1-딸

이름은 김아름이다. 1987년 9월 30일에 태어났다. 천안에 거주한다.

25-4-1-1-1-2-딸

25-4-1-1-3-1-1 동현(東賢)

을해년(1995) 8월 25일(음 7월 8일)태어났다

25-4-1-1-3-1-딸 은영

정축년(1997) 2월 27일(음 12월 24일) 태어났다.

25-4-1-1-3-2-1 동언(東彦)

무자년(2008) 7월 3일(음 6월 1일)에 태어났다.

25-4-1-1-3-2- 딸 주희

병술년(2006) 6월 1일(음 5월 6일)에 태어났다.

25-4-1-1-3-3-1 동우(東佑)

경인년(2010) 4월 4일(음 2월 20일)태어났다.

25-4-1-1-3-3-딸 태희

무자년(2008) 8월 19일(음 7월 19일)태어났다.

25-4-2-1-1-1-1 동현(東炫)

기묘년(1999) 8월 20일에 태어났다. 덕암에 거주한다.

25-4-2-1-1-1-2 동환(東奐)

신사년(2001) 7월 23일에 태어났다. 덕암에 거주중이다.

25-4-2-1-1-1-3 동규(東奎)

정해년(2007) 8월 1일에 태어났다. 부산에 거주중이다.

25-4-2-1-2-1-큰딸

이름은 현진이다. 갑신년(2004) 4월 27일에 태어났다. 서울에 거주한다.

25-4-2-1-2-2-1 주형(柱亨)

무자년(2008) 11월 20일에 태어났다. 서울에 거주한다.

26-4-1-1-1-1-1-1 딸

이름은 준희이고, 2016년 2월 29일생(음력 1월 22일)이다.

26-4-1-1-1-2-1-1 딸

이름은 태희이고, 2020년 5월 22일생이다.

5) 덕련 계열(5소종중)

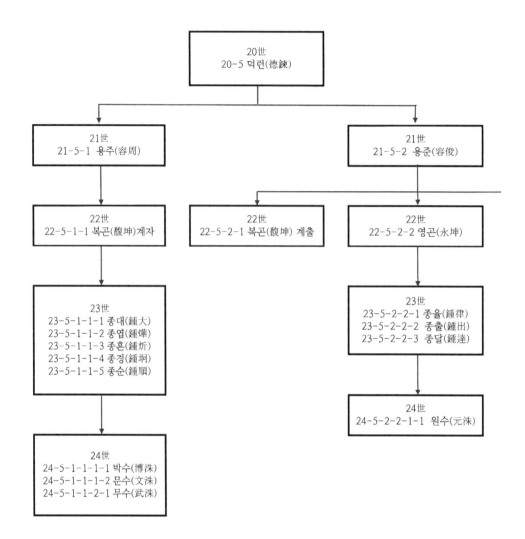

20世
20-5 덕련(德鍊)

21世
21-5-1 용주(容周)

21世
21-5-2 용준(容俊)

22世
22-5-1-1 복곤(馥坤)계자

22世
22-5-2-1 복곤(馥坤) 계출

22世
22-5-2-2 영곤(永坤)

23世
23-5-1-1-1 종대(鍾大)
23-5-1-1-2 종엽(鍾燁)
23-5-1-1-3 종흔(鍾炘)
23-5-1-1-4 종경(鍾坰)
23-5-1-1-5 종순(鍾順)

23世
23-5-2-2-1 종율(鍾律)
23-5-2-2-2 종출(鍾出)
23-5-2-2-3 종달(鍾達)

24世
24-5-1-1-1-1 박수(博洙)
24-5-1-1-1-2 문수(文洙)
24-5-1-1-2-1 무수(武洙)

24世
24-5-2-2-1-1 원수(元洙)

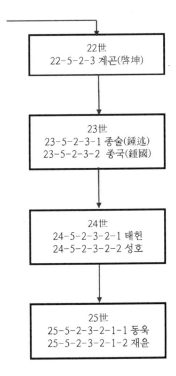

22世
22-5-2-3 계곤(啓坤)

23世
23-5-2-3-1 종술(鍾述)
23-5-2-3-2 종국(鍾國)

24世
24-5-2-3-2-1 태헌
24-5-2-3-2-2 성호

25世
25-5-2-3-2-1-1 동욱
25-5-2-3-2-1-2 재윤

20-5 덕련

자는 사현이고, 호는 덕매이다. 순조 정유년(1837) 2월 3일에 태어났다. 의지와 체구가 갖추어져 어려서부터 늙도록 쇠락하지 않았다. 부모의 이부자리를 살피고 아침 문안 인사를 먼저 하였다. 부모의 쌍정려를 세움에 재산을 부담하고 정성을 다하였다. 부인은 진양정씨로, 아버지는 정재주이고, 할아버지는 정기이니, 은열공 정신열의 후손이다. 기해년 6월 23일에 태어났고, 임인년 9월 19일에 세상을 떠났다. 묘소는 남편 묘소 오른편에 갑좌이다.

21-5-1 용주

자는 태욱이다. 고종 병인년(1866) 10월 3일에 태어났고, 재주가 뛰어나 일찍이 문장으로 이름이 있어 사림에서 추중했다. 무자년 12월 25일에 세상을 떠났으니 향년 23세였다. 묘소는 덕암 운치산 유좌이다. 부인은 함안이씨로, 아버지는 이우규이다. 운포 이달의 후손이다. 을축년 12월 23일에 태어났고, 무인년 12월 26일에 세상을 떠났다. 묘소는 알 수 없다.

21-5-2 용준

자는 치홍이다. 고종 임신년(1872) 11월 6일에 태어났고, 기사년 6월 5일에 세상을 떠났다. 묘소는 백록산 아래 간좌이다. 부인은 안동권씨로, 아버지는 권태형이다. 삼괴당 권시민의 후손이다. 임신년 9월 22일에 태어났고, 갑신년 4월 14일에 세상을 떠났다. 묘소는 백록산 아래 자좌이다.

21-5-딸

최한진에게 출가하였다. 전주인으로 아버지는 최필석이고, 해정 최수강의 후손이다. 아들은 최홍갑이다.

22-5-1-1 복곤

용준의 아들로 양자 왔다. 자는 재숙이다. 고종 정유년(1897) 2월 1일에 태어났다. 부인은 함안이씨로, 아버지는 이진명이다. 운포공 이달의 후손이다. 을미년 12월 18일에 태어나서, 병자년 6월 18일에 세상을 떠났다. 묘소는 죽전산 자좌이다.

22-5-1-큰딸

최규성에게 출가하였다. 전주인으로, 의민공 최균의 후손이다. 아들은 최용갑 최대모이다.

22-5-1-둘째딸

최봉호에게 출가하였다. 전주인으로, 의민공 최균의 후손이다. 아들은 최덕출이다.

22-5-2-1 복곤

용주의 아들로 계출하였다.

22-5-2-2 영곤

다른 이름은 조용이고, 자는 운숙이다. 고종 기해년(1899) 8월 5일에 태어나서, 무자년 9월 9일에 세상을 떠났다. 묘소는 백록산 간좌이다. 부인은 함안이씨로, 아버지는 이진명이다. 운포공 이달의 후손이다. 기해년 8월 7일에 태어나서, 무자년 9월 9일에 세상을 떠났다. 묘소는 백록산 아래 갑좌이다.

22-5-2-3 계곤

다른 이름은 계용이고, 자는 주숙이다. 계축년(1913) 11월 10일에 태어났다. 부인은 초계변씨로, 아버지는 변정섭이다. 정암공 변남용의 후손이다. 병진년 5월 5일에 태어나서, 을유년 9월 21일에 세상을 떠났다. 묘소는 덕암 안산 가장골 자좌이다. 다음 부인은 진양정씨로, 아버지는 병석이다. 은열공 정신열의 후손이다. 정묘년 8월 8일에 태어났다.

22-5-2-큰딸

김현종에게 출가하였다. 선산인으로, 농안공 김주의 후손이다. 아들은 김한표 김한원이다.

22-5-2-둘째딸

정낙규에게 출가하였다. 경주인이다. 아들은 정석수 정석윤 정석열 정석년 정석종이다.

22-5-2-셋째딸

박종병에게 출가하였다. 밀양인으로, 완천당 박덕손의 후손이다. 아들은 박용희 박용보 박용권 박용호 박용지 박용진 박용민이다.

23-5-1-1-1 종대

다른 이름은 판석이고, 자는 욱중이다. 을묘년(1915) 2월 21일에 태어났다. 부인은 전주최씨로, 아버지는 최재호이다. 의숙공 최균의 후손이다. 갑인년 정월 3일에 태어났다.

23-5-1-1-2 종엽

자는 군중이다. 임술년(1922) 9월 3일에 태어났다. 부인은 분성배씨로, 아버지는 배재효이다. 분성군 배원룡의 후손이다. 정묘년 9월 20일에 태어났다.

23-5-1-1-3 종흔

자는 평중이다. 을축년(1925) 5월 9일에 태어났다. 부인은 밀양박씨이다.

23-5-1-1-4 종경

정묘년(1927) 8월 2일에 태어났다.

23-5-1-1-5 종순

임신년(1932) 3월 10일에 태어났다.

23-5-1-1-딸

표득원에게 출가하였다. 신창인이다. 남계 표연말의 후손이다.

23-5-2-2-1 종율

자는 사중이다. 임술년(1922) 정월 14일에 태어나서, 갑자년 11월 29일에 세상을 떠났다. 부인은 달성서씨로, 아버지는 서도현이다. 을축년 4월 13일에 태어났다.

23-5-2-2-2 종출

신미년(1931) 정월 20일에 태어났다.

23-5-2-2-3 종달

기묘년(1939) 12월 24일에 태어났다.

23-5-2-3-1 종술

신사년(1941) 정월 14일에 태어났다. 부인은 파평윤씨로, 아버지는 윤달선이다. 정해년 8월 9일에 태어났다.

23-5-2-3-2 종국

갑신년(1944) 11월 28일에 태어났다. 아내는 성주이씨 이남순이다.

23-5-2-3-큰딸

오성우에게 출가하였다. 해주인이다. 아들은 오창섭이다.

23-5-2-3-둘째딸

이슬규에게 출가하였다. 전주인으로, 효령대군의 후손이다. 아들은 이학범 이학찬이다.

24-5-1-1-1-1 박수

무인년(1998년) 8월 26일에 태어났다.

24-5-1-1-1-2 문수

임오년(2002년) 2월 24일에 태어났다.

24-5-1-1-2-1 무수

병술년(2006년) 7월 15일에 태어났다.

24-5-2-2-1-1 원수

병술년(2006) 정월 7일에 태어났다.

24-5-2-3-2-1 태헌

1974년 4월 7일에 태어났다. 아내는 안동장씨 장현숙이다. 1975 12월 4일에 태어났다.

24-5-2-3-2-2 성호

25-5-2-3-2-1-1 동욱

2012년 6월 25일에 태어났다.

25-5-2-3-2-1-2 재윤

2015년 4월 12일에 태어났다.

6. 항렬표

시조로부터	중시조로부터	항렬 글자	항렬 위치
69세	21세	容(얼굴 용)	가운데
70세	22세	坤(땅 곤)	끝
71세	23세	鍾(쇠북 종)	가운데
72세	24세	洙(물가 수), 泳(헤엄칠 영)	끝
73세	25세	相(서로 상), 東(동녘 동)	가운데
74세	26세	黙(묵묵할 묵), 煥(불꽃 환)	끝
75세	27세	基(터 기), 在(있을 재)	가운데
76세	28세	鎭(누를 진), 鉉(솥귀 현)	끝
77세	29세	永(길 영), 泰(편할 태)	가운데
78세	30세	植(심을 식), 柱(기둥 주)	끝

7. 시사 홀기

시사 홀기 (時祀 笏記)

□ 초헌관을 선정하고, 집사자 4-5명을 뽑는다.

□ 집례를 선정하여 홀기에 따라 시제를 진행한다.

□ 지금부터 20○○ ○○년 김해김씨 삼현파 중 통례공파 덕암문중 시사를 거행하겠습니다.

* 먼저, 입향조부터 19세조까지 6위의 시제를 지내고,
* 다음, 20세조 4위의 시제를 지내고,
* 다음, 21세조 9위의 시제를 지내고,
* 마지막, 22세조 14위의 시제를 지낸다.

□ 신위의 숫자대로 상 위에 수저를 큰 그릇에 준비한다.

□ 술잔을 신위의 숫자에 맞추어 준비한다.

행 참신례 (行參神禮)

□ 초헌관 이하 모두 차례대로 자리에 서시오.

□ 참석자는 다 함께 재배하시오.

(집례의 구령 : 국궁-배-흥-배-흥-평신)

□ 집례는 재배하시오.

행 강신례 (行降神禮)

□ 초헌관은 신위 전에 나아가 꿇어앉으시오.
□ 집사자는 잔을 초헌관에게 드리고 초헌관은 잔을 받으시오.
□ 집사자는 잔에 술을 조금 따르시오. (세잔)
□ 초헌관은 잔을 받들어 모상에 세 번 따르고 잔을 집사자에게 주시오.
□ 초헌관은 일어나 재배하시오.

행 초헌례 (行初獻禮)

□ 초헌관은 신위 전에 나아가 꿇어앉으시오.
□ 집사자는 잔을 초헌관에게 드리고 초헌관은 잔을 받으시오.
□ 집사자는 잔에 술을 따르고 초헌관은 잔을 받들어 향로 위에 세 번 돌리고 잔을 집사자에게 주시오.
 (첫 제사는 6위의 잔에 모두 술을 드리고,
  두 번째는 4위의 잔에 술을 드리고
  세 번째는 9위의 잔에 술을 드리고
  네 번째는 14위의 잔에 술을 드린다.)
□ 축관은 축문을 가지고 초헌관의 왼쪽에 꿇어앉으시오.
□ 참석자는 모두 무릎을 꿇고 엎드리시오.
□ 축관은 축문을 읽으시오. (축문 낭독)
  (축문은 뒤에 있는 축문 1부터 축문 4까지 순서대로 읽는다)
□ 참석자는 모두 일어나 재배하시오.
  (집례의 구령 : 국궁-배-흥-배-흥-평신)
□ 초헌관은 자리로 돌아가시오.

행 아헌례 (行亞獻禮)

□ 아헌관은 신위 전에 나아가 꿇어앉으시오.
□ 집사자는 잔을 아헌관에게 드리고 아헌관은 잔을 받으시오.
□ 집사자는 잔에 술을 따르고 아헌관은 잔을 받들어 향로 위에 세 번 돌리고 잔을 집사자에게 주시오.
□ 아헌관은 재배하시오.
□ 아헌관은 자리로 돌아가시오.

행 종헌례 (行終獻禮)

□ 종헌관은 신위 전에 나아가 꿇어앉으시오.
□ 집사자는 잔을 종헌관에게 드리고 종헌관은 잔을 받으시오.
□ 집사자는 잔에 술을 따르고 종헌관은 잔을 받들어 향로 위에 세 번 돌리고 잔을 집사자에게 주시오.
□ 종헌관은 재배하시오.
□ 종헌관은 자리로 돌아가시오.

행 유식례 (行侑食禮)

□ 초헌관은 신위 전에 꿇어앉으시오.
□ 집사자는 첨주잔을 초헌관에게 드리고 초헌관은 잔을 받으시오.
□ 집사자는 잔에 술을 조금 따르고 초헌관은 잔을 씻으시오.
□ 집사자는 다시 잔에 술을 따르고 초헌관은 잔을 집사자에게 드리고 집사자는 신위 전의 잔에 세 번씩 나누어 따르시오.
□ 초헌관 이하 참석자는 모두 재배하시오.
  (집례의 구령 : 국궁-배-흥-배-흥-평신)

행 사신례 (行辭神禮)

□ 초헌관 이하 모두 재배하시오.
  (집례의 구령 : 국궁-배-흥-배-흥-평신)
□ 집례는 재배하시오.
□ 참석자는 음복하시오.

(* 20세조와 21세조 및 22세조의 시사도 같은 절차에 따라 각각 행하고 난 후)

□ 이상으로 20○○ ○○년 김해김씨 삼현파 중 통례공파 덕암문중 시사를
모두 마치겠습니다.

8. 시사 축문

축문(祝文) 1 : 14세부터부터 19세 조까지

유세차○○ 시월○○삭 초○일○○ 2○(선정된 초헌관이 몇 세손인지) 세손 ○
○(매년 선정된 초헌관 이름) 감소고우
현십사세조고 둔운처사 부군
현십사세조비 유인 재령이씨

현십오세조고 좌부승지 겸 참찬관 부군
현십오세조비 숙부인 단양우씨

현십육세조고 동몽교관 부군
현십육세조비 숙인 동래정씨

현십칠세조고 태릉참봉 부군
현십칠세조비 공인 밀양박씨

현십팔세조고 통사랑 부군
현십팔세조비 의인 은진송씨

현십구세조고 증가선대부 이조참판 겸 동지홍문관직제학 부군

현십구세조비 정부인 진양강씨

기서유역 상로기강 불승영모 근이청작서수 지천세사 상
향

축문(祝文) 2 : 20세조(5소종중 제외)

유세차○○ 시월○○삭 초○일○○ 20(선정된 초헌관이 몇 세손인지) 세손
○○(매년 선정된 초헌관 이름) 감소고우
현이십세조고 덕암처사 정릉참봉 부군
현이십세조비 공인 연안차씨

현이십세조고 덕계처사 부군
현이십세조비 유인 함안이씨

현이십세조고 덕곡처사 부군
현이십세조비 유인 함안조씨

현이십세조고 덕송처사 부군
현이십세조비 유인 곡부공씨
현이십세조비 유인 파평윤씨

기서유역 상로기강 불승영모 근이청작서수 지천세사 상
향

축문(祝文) 3 : 21세조(5소종중 제외)

유세차○○ 시월○○삭 초○일○○ 2○(선정된 초헌관이 몇 세손인지) 세손
○○(매년 선정된 초헌관 이름) 감소고우
현이십일세조고 구만선생 부군
현이십일세조비 숙인 전주최씨

현이십일세조고 처사 부군
현이십일세조비 유인 대구배씨
현이십일세조비 유인 의령옥씨

현이십일세조고 처사 부군
현이십일세조비 유인 전주최씨

현이십일세조고 처사 부군
현이십일세조비 유인 전주최씨

현이십일세조고 처사 부군
현이십일세조비 유인 수원백씨

현이십일세조고 처사 부군
현이십일세조비 유인 성산이씨

현이십일세조고 처사 부군
현이십일세조비 유인 칠원제씨

현이십일세조고 처사 부군
현이십일세조비 유인 단양우씨
현이십일세조비 유인 해주정씨

현이십일세조고 처사 부군
현이십일세조비 유인 청송심씨
현이십일세조비 유인 재령이씨

기서유역 상로기강 불승영모 근이청작서수 지천세사 상
향

축문(祝文) 4 : 22세조

(5소종중 및 희망하지 않는 경우는 추가로 제외)

유세차○○ 시월○○삭 초○일○○ 2○(선정된 초헌관이 몇 세손인지) 세손
○○(매년 선정된 초헌관 이름) 감소고우
현이십이세조고 성균진사 부군
현이십이세조비 의인 함안조씨

현이십이세조고 처사 부군
현이십이세조비 유인 전주최씨

현이십이세조고 처사 부군
현이십이세조비 유인 초계변씨

현이십이세조고 처사 부군
현이십이세조비 유인 고성이씨

현이십이세조고 처사 부군
현이십이세조비 유인 경주최씨

현이십이세조고 처사 부군
현이십이세조비 유인 광산김씨

현이십이세조고 처사 부군
현이십이세조비 유인 성산이씨
현이십이세조비 유인 진양정씨

현이십이세조고 처사 부군
현이십이세조비 유인 밀양박씨

현이십이세조고 처사 부군
현이십이세조비 유인 창원정씨

현이십이세조고 처사 부군
현이십이세조비 유인 평택임씨

현이십이세조고 처사 부군
현이십이세조비 유인 삭령최씨

현이십이세조고 처사 부군
현이십이세조비 유인 함안이씨
현이십이세조비 유인 성산이씨

현이십이세조고 처사 부군
현이십이세조비 유인 진양정씨

현이십이세조고 처사 부군
현이십이세조비 유인 진양정씨

기서유역 상로기강 불승영모 근이청작서수 지천세사 상
향

김해김씨 삼현파
덕암문중 세계도(14세-21세)

14세 ~ 19세

十四世祖考遁雲處士(부장)
十四世祖妣孺人載寧李氏

十五世祖考左副承旨兼參贊官(호담)
十五世祖妣淑夫人端陽禹氏

十六世祖考童蒙教官(의후)
十六世祖妣淑人東萊鄭氏

十七世祖考泰陵參奉(성재)
十七世祖妣恭人密陽朴氏

十八世祖考通仕郎(한주)
十八世祖妣宜人恩津宋氏

十九世祖考東庵處士贈嘉善大夫吏曹參判兼同知弘文館直提學(저ㅇ팔)
十九世祖妣貞夫人晉陽姜氏

20세

二十世祖考德嚴處士貞陵參奉(수일)
二十世祖妣恭人延安車氏

二十世高祖考德溪處士(형진)
二十世祖妣孺人咸安李氏

二十世祖考德谷處士(기호)
二十世祖妣孺人咸安趙氏

二十世祖考德松處士(상ㅇㄱ)
二十世祖妣孺人曲阜孔氏
二十世祖妣孺人坡平尹氏

二十世祖考德梅處士(덕련)
二十世祖妣孺人晉陽鄭氏

21세

二十一世祖考九萬先生(요ㅇ규)
二十一世祖妣淑人全州崔氏

二十一世祖考處士(요악)
二十一世祖妣孺人宜寧玉氏
二十一世祖妣孺人大丘裵氏

二十一世祖考處士(요설)
二十一世祖妣孺人全州崔氏

二十一世祖考處士(요기)
二十一世祖妣孺人全州崔氏

二十一世祖考處士(요인)
二十一世祖妣孺人水原白氏

二十一世祖考處士(요고)
二十一世祖妣孺人星山李氏

二十一世祖考處士(요ㅇ)
二十一世祖妣孺人漆原諸氏

二十一世祖考處士(요수)
二十一世祖妣孺人丹陽禹氏
二十一世祖妣孺人海州鄭氏

二十一世祖考處士(요ㅇㄱ)
二十一世祖妣孺人青松沈氏
二十一世祖妣孺人載寧李氏

二十一世祖考處士(요ㅈㄱ)
二十一世祖妣孺人咸安李氏

二十一世祖妣孺人安東權氏

김해김씨 삼현파
덕암문중 세계도(22세)

二十二世祖妣孺人密陽朴氏
二十二世祖考處士(서ㄱㄴ)
二十二世祖妣孺人晉陽鄭氏
二十二世祖妣孺人星山李氏
二十二世祖考處士(마ㄱㄴ)
二十二世祖妣孺人光山金氏
二十二世祖考處士(보ㄱㄴ)
二十二世祖妣孺人慶州崔氏
二十二世祖考處士(재ㄱㄴ)
二十二世祖妣孺人固城卞氏
二十二世祖考處士(덕ㄱㄴ)
二十二世祖妣孺人草溪卞氏
二十二世祖考處士(대ㄱㄴ)

二十二世祖妣孺人全州崔氏
二十二世祖考處士(일ㄱㄴ)
二十二世祖妣宜人咸安趙氏
二十二世祖考成均進士(보ㄱㄴ)

二十二世祖妣孺人草溪卞氏
二十二世祖考處士(제ㄱㄴ)
二十二世祖妣孺人咸安李氏
二十二世祖考處士(여ㅇㄴ)
二十二世祖妣孺人咸安李氏
二十二世祖考處士(보ㄱㄴ)

二十二世祖妣孺人晉陽鄭氏
二十二世祖考處士(화ㄱㄴ)
二十二世祖妣孺人晉陽鄭氏
二十二世祖考處士(하ㄱㄴ)
二十二世祖妣孺人星山李氏
二十二世祖妣孺人咸安李氏
二十二世祖考處士(한ㄱㄴ)

二十二世祖妣孺人朔寧崔氏
二十二世祖考處士(아ㅁㄴ)
二十二世祖妣孺人平澤林氏
二十二世祖考處士(길ㄱㄴ)
二十二世祖妣孺人昌原丁氏
二十二世祖考處士(달ㄱㄴ)
二十二世祖妣孺人昌原丁氏
二十二世祖考處士(서ㄱㄴ)

10. 김해김씨 덕암문중 비문

김해김씨 삼현파
덕암문중

　김해김씨는 가락국을 세운 수로대왕이 시조이시며 2022년 현재 1981년의 역사를 이어온 명문가이다. 10세 양왕께서 나라를 신라에 양도하고 산청의 구형왕릉에 잠드셨고 13세 김유신 장군께서는 삼국통일의 대업을 이루어 흥무대왕으로 추존되었다. 49세 고려시대 판도판서 김관께서 삼현파 중시조인데 이후 우리는 6세(54세)에 집의공[맹]파로 11세(59세)에 통례공[선경]파로 14세(62세)에 둔운공[부장]파로 분파되어 덕암문중이 되었다. 중시조로부터 5세(53세) 김극일 7세(55세) 김일손 8세(56세) 김대유 등 훌륭한 세 인물이 배출되어 삼현파가 되었다. 그러나 불행하게도 탁영 김일손께서 무오사화에 화를 당한 후 14세(62세) 김부장께서 덕암의 경치를 사랑하여 터를 잡고 19세(67세) 김정팔까지 독자로 대를 잇다가 20세(68세)에 5형제가 나서 5소종중이 되었다. 가문이 현달하지는 못했으나 5형제의 효행으로 정려를 받아 위상이 다시 일어났다. 오늘날은 고향을 떠난 종원이 많아 문중에 대한 소속감이 약해지므로 매년 시제를 지내는 계산정 뜰에 이 비석을 세워 문중의 역사를 밝히고 입향조(62세)부터 19세조(67세)까지 혼을 모시고 21세(69세)까지 계보를 그려 후세에 전하니 자긍심으로 조상을 숭모하며 서로의 우의를 도탑게 다지기 바란다.

가락국 기원 1981년(서기 2022) 8월   일
24세손 종회장 철학박사 경수 삼가 쓰고
25세종손 동호와 후손들이 뜻을 모아 세우다

11. 문중 종약

김해김씨 삼현파中 遯雲公(부장)派 종약
(중시조 "관"계열 입고성 후손)

2012. 12 . 23 제정

제1장 명칭 및 사무소

제1조 : 명칭

　　본회는 김해김씨 삼현파 중 둔운공(부장)파 종회라 칭한다.

　　("부장"은 경상남도 고성군 구만면 광덕리 덕암에 처음 들어오신 분)

제2조 : 사무소 소재지

　　경상남도 고성군 구만면 광덕2길 71 계산정에 둔다.

제2장 목적과 사업

제3조 : 목적

　　본회는 조상을 숭모하고 종원 간의 화목을 도모하며, 제반 종중 사업을 결정하고 실행함을 목적으로 한다.

제4조 : 사업

다음 각 호의 사업을 성실히 수행하기로 한다.

1. 종중재산(종토, 위토, 임야, 종중 시설물, 분묘 등)의 보존과 보호관리

2. 제례행사(시제, 성묘, 벌초) 집행

   ○ 대상 : 입고성 둔운공"부장"(14세)부터 동암 "정팔"(19세) 선대조까지

3. 위 선조 유적 추모사업 및 보존

4. 종원 중 성적 우수학생의 장학지원사업

5. 족보 증보에 관한 사업

6. 기타 필요한 사업

제3장 종원 자격 및 권리와 의무

제5조 : 종원 자격

종원은 김해김씨 삼현파 중 둔운공파 "부장" 후손으로 하고, 여성 종원은 출가하지 않은 만25세 이상으로 본인이 원할 경우 종원 자격을 부여한다.

제6조 : 권리와 의무

종원은 종약이 정하는 바에 따라 다음의 권리와 의무를 가진다.

1. ① 종원의 권리

   1. 선거권, 피선거권 및 의결권을 가진다.

   2. 종중재산(동산, 부동산)에 관한 일체의 권한을 행사한다.

   3. 제안 사항이 있을 경우 소종중 대표를 통해 안건을 상정할 수 있다.

2. ② 종원의 의무와 책임은 다음 각 호와 같다.

3.   1. 종약 및 모든 의결사항 준수의 의무

   2. 종중의 명예를 훼손하지 말아야 할 의무

제4장 임원구성 및 선출방법

제7조 : 임원구성

다음과 같이 11인으로 임원을 구성한다.

1. 회장 1인(총회에서 선출)

2. 대의원 10인(회장 제외 5효자 소종중에서 각 2명씩 선출)

3. 총무 1인(대의원 중에서 선출)

4. 감사 1인(대의원 중에서 선출)

제8조 : 임원의 직무

① 회장의 직무와 권한

　1. 회장은 회의를 총괄하고 각종 회의의 의장이 된다.

　2. 가부동수인 경우 최종 결정권을 갖는다.

　3. 회장 유고 시에는 임원 중에서 최고 연장자가 그 직무를 대행하고,
　　 30일 이내에 회장을 선출한다.

② 총무의 직무와 권한

　1. 회의록 작성 및 보관

　2. 재정(종중 통장, 금전출납부)을 총괄 관리

　3. 결산보고는 익년 1월 31일까지 수입, 지출 내역을 보고한다.
　　 단, 시제 때 약식 보고를 한다.

　4. 보칙 제1조의 신규, 수정 사항을 작성 비치한다.

③ 감사는 다음 각 호의 업무에 대하여 총회에 보고하여야 한다.

　1. 회계감사

　2. 종중재산의 보전과 관리에 대한 감사

　3. 모든 회의 의결사항 집행결과 감사

　4. 감사결과 부정, 불미한 사항 보고

　5. 공정하고 정확하게 감사하여야 하며, 공과 사를 명확히 한다.

제9조 : 임원의 선출방법

임원 선출은 다음과 같은 방법으로 한다.

1. 회장은 총회에서 참석한 종원의 추대를 원칙으로 하고, 2인 이상 회장후보가 추대되었을 때는 과반수 지지를 받은 자로 선출한다.
2. 각 소종중 대의원 2명은 각 소중에서 선출하여 회장에게 통보한다.
3. 대의원의 유고, 결원 시에는 해당 소중에서 30일 이내에 선출하여 회장에게 통보한다.
4. 총무와 감사는 소종중 대의원 중에서 본 종약 제9조 제1호에 규정된 같은 방법으로 선출한다.

제10조 : 임원의 임기 등

1. 임기는 2년으로 하며, 연임할 수 있다.
2. 임기 유효일은 선임 결정된 다음날부터 임기가 만료되는 년도의 정기총회일까지로 한다.

제11조 : 임원의 보선

1. 임원 중 임기 전에 결원이 생겼을 경우 대의원을 제외한 임원에 대해서는 본 종약 제11조 제1호 규정에 의한 방법으로 선출한다.
2. 임기는 전임자의 잔여임기로 한다.
3. 단, 잔여임기가 180일 미만일 때는 보선하지 않는다.

제12조 : 임원의 해임 등

1. 본 회에 물질적, 금전적 손해를 입혔을 경우에는 해임하고, 해당 임원은 그 피해를 보상하여야 한다.
2. 보상 불이행시에는 민사, 형사상 모든 책임을 묻기로 한다.

제13조 : 임원의 보수

1. 임원은 명예직으로 무보수 봉사를 원칙으로 하되
2. 다만, 회무 중 소요된 비용은 임원회의에 보고한 후 실비로 지급 할 수 있다.

제14조 : 임원 의결권 제한

임원이 정기총회 및 임시총회의 안건이 임원 당사자에 대한 내용일 경우, 해당 임원은 투표권 및 의결권을 상실한다.

제5장 총회 및 임원회의

제15조 : 총회 및 임원회의

1. 총회는 다음해 1월 둘째 일요일에 개최하고 회장이 소집한다.
2. 임원회의는 시급하고 중대한 사안이 있을 경우 회장 또는 임원의 1/3 이상 요구 시 회장이 소집한다.

제16조 : 의결방법

1. 총회는 참석 종원의 과반수 이상 찬성으로 의결한다.
2. 임원회의는 임원의 과반수 이상이 참석하고, 임원의 과반수 이상 찬성으로 의결한다.

제17조 : 총회 의결사항

1. 종약의 제정 및 개정
2. 사업계획 및 집행보고의 인준
3. 예산, 결산의 승인
4. 임원의 추대, 선출, 해임, 보선
5. 기타 중요 안건에 대한 심의 및 의결

제6장 회기 및 자산 등 관리

제18조 : 회기 및 자산 등 관리

① 결산 회기는 당해 년도 1월 셋째 주 월요일부터 다음해 1월 둘째 주 일요일까지로 한다.

② 자산은 기본자산과 일반재정 2종류로 분류한다.

    1. 기본자산 : 토지, 건물 등 부동산

    2. 일반재정 : 현금과 동산

③ 수입은 다음과 같다.

    1. 종회비 세대별 년 2만원. (세대는 주민등록법상 기준 으로 한다.)

    2. 농지 및 토지 임대료

    3. 예금이자 수입

    4. 종원 또는 비종원의 기부금 또는 특별회비

    5. 기타 수익사업 등

④ "자산"과 "재산"의 관리에 있어 매도, 매수, 양도, 대여, 환수, 기부 등의 행위는 총회의 의결을 거쳐야 하고, 의결 내용은 모든 종원에게 서면으로 공지하여야 한다.

⑤ 채무부담이나 채권포기도 위 ④항의 과정을 거쳐야 한다.

제19조 : 수입금의 사용

① 수입금의 사용비목은 다음 각 호와 같다.

    1. 종중 시제 비용

    2. 종중 묘소 벌초 비용

    3. 총회 및 임원회의 개최 시 기본경비

    4. 종중재산에 대한 제세금 및 공과금납부

    5. 총회 및 임원회의에서 승인된 사업비 지출

② 총무는 위 1 ~ 5의 지출에 대하여 집행결과를 총회에 서면으로 보고해야 한다.

제20조 : 수입금의 운용

1. 모든 수입금(현금)은 회장, 총무 공동명의로 하여 제1금융기관에 예치 후 통장은 총무가 관리한다.

2. 일체의 금전적 수입은 통장에 입금 후 지출하여야 한다.

제7장 시제 및 묘지관리

제21조 : 묘지관리 등

1. 묘지관리는 둔운공 "부장"부터 사헌부 감찰공(정팔)까지는 종중에서 공동관리 한다.

2. 5효자 이하는 각 소종중 계열별로 관리한다.

3. 묘지 벌초일은 당해 년도 추석일이 속하는 주의 전전일요일로 하고, 소종중 별로 매년 돌아가면서 책임지고 벌초한다.

4. 백록산 (산 147번지) 묘지 이용기준

   (1) 종손직계, 차관급이상, 박사등의 사회적 지도층
      대종중에게 통보 만으로 묘를 쓸수 있다.

   (2) 종원

      (A) 대종중 대의원의 과반수 찬성을 얻어야 한다.

      (B) 묘자리 위치는 대종중 대의원과 협의하여 동의를 얻어야 한다.
         해당 위치에 대해서 대종중 대의원들의 반대시에는 백록산내
         다른 곳으로 위치를 변경해야 한다.

      (C) 일정금액(   )의 묘지 이용료를 대종중에 내야 한다.

제22조 : 시제 주관순서 및 방법

1. 시제일은 당해 년도 음력 10월 10일 기준 직전 일요일로 한다.

2. 시제 주관은 5효자(수일, 형진, 기호, 상옥, 덕련) 계열의 소종중 순으로 돌아가며 한다.

   단, 총회의 결정에 따라 시제주관 순서와 방법 등을 변경할 수 있다.

제8장 보 칙

제1조 : 종약 및 재산 등의 목록 작성 비치

총무는 다음 각 호의 목록을 작성하여 비치해야 한다.

1. 종약 및 종원 명부
2. 회의록
3. 금전출납부 및 예금통장
4. 종중 재산목록 및 수입명세서
5. 본회 종원 비상연락망(서식1 참조)
6. 기타 필요한 문서

부 칙 (2012. 12. 23 제정)

제1조 : 시행일

본 종약은 5효자 대표 및 종원이 참석한 회의에서 심의 의결한 후 20일이 지난날부터 시행한다.

제2조 : 경과규정

본 종약 시행일 이전에 시행된 종중 관련 관행들은
본 종약을 원용하지 않으며,
본 종약 시행일 이후부터는 본 종약에 따라야 한다.

12. 인터넷 카페 족보 보는 법

* 인터넷 「네이버」에 접속하여 로그인 한 후에 카페 항목에서 '김해김씨 삼현파 덕암문중'의 카페를 찾아서 들어간다.

1. 이 카페의 족보는 '김해김씨 삼현파' 중에서 중시조 '판도판서 관'으로부터 11세손인 '통례공 선경파'의 계보를 정리한 것이다. '11세부터 20세 족보' 항목은 계보가 단순하므로 이렇게 정리하였다.

2. 그리고 14세손 '부장'으로부터 '고성군 구만면 덕암'으로 이주하여 현재 26세손까지 이어지고 있다.

3. 이 족보에서 처음으로 수록한 '통례공 선경' 이상의 계통에 대해서는 '김해김씨족보' 홈페이지가 잘 만들어져 있으므로 '김해김씨역사' 항목을 클릭해서 들어가면 자세한 내용을 알 수 있다. 우리 덕암 문중은 이 중에서 '분파직계도 삼현파'에서 '집의공파[맹]' 항목에 해당된다. 그리고 '일가님들의 홈페이지' 항목 중에서는 '삼현파 삼족당' 항을 클릭하면 더욱 자세한 선대의 내용을 볼 수 있다.

4. '족보' 란에서 '수일계열(1소종중)' 등 각 소종중을 찾아가거나, '24세이하족

보'에서 같은 항을 찾아 들어가면 공통적으로 '20세부터 26세까지의 각 소종중별 계보도'를 볼 수 있다.

5. 20세로부터 5소종중으로 나누어졌는데, 여기서부터는 각각의 종원들에게 모두 '고유번호'를 부여하여 해당사항을 찾기 편리하도록 하였다. 각자 자신의 고유번호를 확인하고 그 고유번호와 맞는 자기 이름을 찾으면 자신에 대한 기록을 볼 수 있다.

6. '자료실'에는 '시사 홀기/축문'이 실려 있어 이를 잘 응용하면 각 집안의 제사에 도움이 될 수 있다.

7. '자료실'에 있는 '시사 위패' 항목은 현재까지 대종중 시사에서 제사드리는 조상의 위패를 정리한 것이다. 왼쪽부터 '대'가 높거나 '1소종중부터 5소종중'의 차례대로 정리하였다.

8. 수록된 내용 중에서 변동사항이 있거나 보충해야 할 내용이 있으면 각 소중중의 대의원이나 대종중의 총무 또는 회장에게 연락해서 언제든지 보완할 것입니다.